現代怪談
地獄めぐり 業火

ぁみ、いたこ28号、
壱夜、神 薫、夜馬裕

竹書房
怪談
文庫

現代怪談

地獄めぐり 業火

ぁみ
いたこ28号
壱夜
神 薫
夜馬裕

竹書房文庫

目次

あみ

圧を感じる……8
背中を丸めた男性……15
憑いたおばさん……20
百貨店……26
その女性の物語はまだ続いてる……32

いたこ28号

怪談と縁……38
だいこん……41
真の映画ファンとは……47
四棟の四階の四号室……52
土嚢袋……59
サリーちゃんの館……66
谷川岳……74

壱夜

レゴのお山……88
カウントダウン……93
見覚えのない顔……102
滲み出る……105
部屋がおかしい……111
共にある……116
廃屋のテレビ……123
霊を呼ぶ音……129

神薫

ビニール……136
歌箱……140
ベランダ……144
犬面瘡……150
十字木……161

夜馬裕

天井裏の奇談……180
虐めっ子……194
吊られの一本松……200
霊感少女と僕たちの失敗……209

あみ

ami

怪談最恐位「怪凰」の称号をもつ怪談家。MC、作家、脚本、演出、原作、ナレーションなどを手掛けマルチに活躍中。数々の番組やイベントで優勝。日本最大級の怪談エンタメ LIVE「ありがとうぁみの渋谷怪談夜会」を O-EAST にて主宰。著書に「レイワ怪談」シリーズ、共著に『現代怪談 地獄めぐり 無間』などがある。YouTube「怪談ぁみ語」毎週月金更新中。

圧を感じる

主催している全国ツアー開催のため、島根県に行った時のこと。

全国を回るにあたり、よく現地の方に聞き手として登場していただき公演をすることが多い。馴染みの方にお願いしたり、初めての方とご一緒するような機会もある。

島根では島根公演のスタッフさんの勧めで、地元で活躍されているシンガーソングライターのユリさんと初めて会い、舞台に上がることになった。

僕の一人語りなのだが、その聞き手として横にずっといてくださる。話すと、彼女は怖いのは苦手だけど、動画配信チャンネルなどでいつも僕の怪談動画を見ていると言う。

彼女のような怖いのが苦手という人の中には、案外怖い話を持っていたりする方もいるので、ちょっと面白そうだなと思い、話を聞いてみた。

ユリさんは現在二十代の女性で、高校二年生の頃から女友達と二人で駅前の某デパート前などの路上で音楽のパフォーマンスをしていたという。

ある日、いつものように楽器を背負って、パフォーマンスをする場所へ向かっていた。途中、とある用があったため、デパートの中を歩いて移動していた。

そのデパートは本館と隣接する別館があり、上の方の階には連絡通路があり本館と別館を行き来ができるようになっている。

本館一階からデパートに入った二人は、別館に移動したくて連絡通路のある階までエレベーターで上がろうと思った。

いざエレベーターホールにきた時に「あれ？　何階だったっけ？」と二人は顔を見合わせた。エレベーターホールに乗って連絡通路のある階より上に行ってしまったらめんどくさい。「たぶん三階か四階じゃなかったかな？」と言うと「もう階段で行こうよ」ということになった。まだ高校二年生、若いし、階段に向かった。

そのデパートの階段は真ん中が小さな吹き抜けみたいになっていて、らせん状に上がるようになっている。吹き抜け部分を覗いたら、上までずっと階段が続いているのが見える。

見通しのいい階段を一階から〈タンタンタンタンタン〉と軽快に上がって行く。

二階を過ぎてさらに上に向かおうと思ったら、なぜか上からの圧をユリさんは感じる。まるで見えない何かに上から押さえつけられているような重さに、身体が階段を上がって行けない。「ううっ」と唸ってその場に立ちすくんでしまった。

「え、え、え、ダメだ、ダメだ、え、ダメだ、ごめんなさい、私これから先に行けない」

ユリさんがそう言うと、友人の女の子は不思議そうに、

「え、なんで？　なんで？」

と訊く。でもユリさんにもわからない。わからないのだけれど、圧が強すぎて、どうにも足が上に向かない。

「ごめんなさい、私ちょっと行けないわ。うわあ、どうしよう、どうしよう、これなんか絶対ダメだよ、上、ダメだよ」

もうこれはちょっときついなと思いながら、吹き抜けのところを見上げた。らせん状の階段を上の方へと視線を動かしていく。すると、だいぶ上の方に足の裏が見える。下から上を見た先に、足の裏が見えるのだ。

それに気がついた二人は「何かおかしい」と、すぐそばの売り場の人に知らせた。

階段の手すりに紐をかけて、男性が首を吊っていた。

ユリさんが感じた圧というのはそのせいだった。圧を感じたからこそ上を覗いて、その先に男性がいるのがわかったということになる。

これはもう事件なので、警察にデパート側から通報することとなったのだが、ユリさんたちは第一発見者ということであれこれ聞かれることになった。

「何時くらいですか?」「どこ行ってたんですか?」「なんでそこにいたんですか?」などいろいろと訊かれた。階段を上ろうとせずに見上げた理由、それもいろんな人に同じことを説明することになった――。

ユリさんがなぜ、あの時に上から圧を感じ「これはまずい」「上に行けない」と思ったかというのには理由があった。

ユリさんが小学校低学年の頃、近所の公園で友達と遊んでいた時のことだ。

山の麓に結構大きめの自然公園があり、そこでかくれんぼをすることになった。

遊具もたくさんあるが、公園の裏手の山の斜面には洞窟があった。この洞窟も皆の遊び場のひとつとして馴染みはある。

ユリさんは「隠れるならあの洞窟がちょうどいいわ」と、公園の裏に回った。そして洞窟に入ろうとした時に「うわあ、なんかダメな気がする」と思った。

「なんで今日は行っちゃダメなの、この洞窟。なんだろう、なんか入っちゃダメな気がする」

でも、かくれんぼの鬼が探しに来てしまう。

「いいや、入っちゃえ」と洞窟に入り込んだ。洞窟内は大小さまざまな岩がぼこぼこ出ている。そんな中、少し奥に入ると上の方に細長く突起している部分があった。

そこで、中学生の男の子が首を吊っていた。


入口で「なんかダメな気がする」と思い、中に入るとそのような光景を見てしまったという幼い頃の経験があった。

だから、デパートの階段で上から圧を感じた時にも「あ、これ上っちゃだめだ」と思った――それをデパートの関係者や警察などに何度も話したのだという。


そのようなことがあり、それから何日も経ったある日。

この時は、最寄りの駅前から自宅へと帰るいつもの道を歩いていた。

当時付き合っていた彼氏と一緒に歩いていて、このまま真っすぐ行けば最短距離で自宅に着くという道なのだが、前方から突然「うわあ、なんかダメだ」という圧のようなものが来た。

過去の体験があるから「なんかダメだ」と思ったら、そこは通りたくない。

だから彼氏に、

「申し訳ないんだけど、遠回りになるけど、こっちから行っていい？」

そう話をすると、彼氏ももうわかっているから、

「あ、おまえ、そういうのあるもんな。わかった、じゃあこっちから行こうか」

と言ってくれた。

そして手前の道を曲がろうとしていると、自分たちの後ろからパトカーがサイレンを鳴らして近づいてきて追い抜いて行った。と同時に、前方に人がわらわらと集まってきているのが見える。

「え、なになに？」と、彼氏と顔を見合わせて、道を曲がるのをやめてその場所に近づいた。

すると、いつも通るマンションの前の道路に、おそらく飛び降りたであろう死体が横

たわっていた――。

「なんかダメだ」という圧を感じると、お化けとか霊とかいうのではなく、誰かがリアルに亡くなっていたり、何かが起こっていたりする。

「私、呼ばれているんでしょうか?」

とユリさんは言っていた。

そうかもしれない。幽霊を見た! という話をよく聞くが、ユリさんのように人が亡くなっているとそれを感じるということは、もしかしたらその亡くなった本人が「ここにいますよ」と知らせたいのかもしれない。

ユリさんはそういうのを、圧として感じる人なのではないか。

ユリさんには圧としての感じ方であり、もしかしたら、人によってはそれは、目の前に亡くなっているはずの人が立っていたみたいな話になるのかもしれない――。

圧を感じ「なんかダメだ」と思った時は、すでにユリさんの前にその人が立っていたりするのかもしれない。

背中を丸めた男性

怪談では、どこどこに行ったら、そこにはこういう謂《いわ》れのある場所だから、そこから何かを持って帰っちゃったとか、どこどこはこういう土地だったから、そこに行った時にこんなことが起きた、というような話は多い。

先日、辻斬り的な話を聞いた。「なんでそうなったんだ?」というような話で、その人にとっては何の脈絡もなさそうで気の毒でしかない。そんな話だった。

会社員をしているという彼がいつも普通に使っている、駅から自宅までの道でのこと。

その街は都心部からは少し離れているものの、駅前はとても賑わっている。

駅前を抜け人通りもまばらな住宅地を歩き自宅まで十五分くらい。彼はその距離をいつも歩いて帰っている。

その夜も、とある公園の近くを通った。公園の周りには自分の背丈ほどの樹木が植えられていて、その茂みが公園との境になっている。

ふとその茂みに目をやった。茂みからものすごく強烈な臭いが漂ってきたのだ。

「うわっ、すげえ、なにこの鼻にくる感じ、気持ち悪い。なにこれ」

歩きながら茂みと茂みの間に目を凝らした。ちょうど外灯の光が途切れた場所となるそこは、茂みも真っ暗なのだが、かろうじて近所の家の窓の明かりなどで薄ぼんやりと様子が知れる。

茂みの向こうに、男性のような体つきの大きな人が、こちらに背を向けてうずくまっているのが見えた。

着ている服装もボロボロなのと、先ほどの感じた臭いのこともあり、「あ！」と思った。

公園だし、家が無い人なのかな、と。

普段から通る公園の前の道だが、昨日までいなかったよな、などと思いながら、その姿をちゃんと見ると、恐ろしいことに一瞬で気がついた。

「いや違う、これ、生きてる人じゃねえな」

ボロボロの服ですごい臭いのする、背中をこちらに向けている人……その顔はしっかりとこちらを見ている。

完全に向こうを向いている背中の上に、こちらを向いている顔が乗っているのだ。

それに気づき「うわっ！」と心の中で仰け反った。

元々が怪談やホラーを好きなわけでもなく、なのにそんなモノを初めて見たので、ただただ驚き、受け入れられなかった。

その瞬間に自身が取った行動は、そのまま特にリアクションをすることもなく、無心でひたすら歩いて家まで帰ったのだ。

本当になんにも考えられなかったのだ。


その夜、実家の二階の自室で寝ていて、ふとあの公園で嗅いだあの強烈な臭いに目が覚めた。

「うわぁ」布団の中で目をグッと瞑《つむ》ったまま強張《こわば》っていると、自分の顔のあたりに〈ポタッ、ポタッ〉と何かが落ちてくる感じがする。

しかも臭いがどんどんと強さを増してくる。

「うわっ、すごい臭いだ、なにが落ちてくるんだよ。無茶苦茶怖いじゃん。うわうわうわ、目開けるなよ」

そうは思っていたのだが、薄目を開けてしまった。

電気は消しているから部屋の中は真っ暗。遮光カーテンを閉めているから外からの光も入ってこない。結局なにも見えない。

目を開けて辺りをうかがうその顔に〈ポタッ、ポタッ〉と何かが落ちてくる。

しばらくすると、自分の寝ている上に誰かが乗っていて、顔を覗き込んでいるのだというのが見えてきた。

金縛りということではなかったが、布団の中で強張っている上に人が乗っている状況で、その重量もありすぐにはねのけて動いたりができなかった。

怖いと思うと同時に、泣いているのかな、とふと思った。

顔に相変わらず〈ポタッ、ポタッ〉と落ちてくるからだ。

そう思っていたが違っていた。

公園で背中の上に乗っていた男の人の顔が、今目の前で自分を覗き込んでいるのが見えた。そして顔の下は、やはり背中をこちらに向けた状態になっている。

そして男が流しているのは涙ではなかった。

涎《よだれ》がずっと、口元から顔に落ちて来ているのだと気がついたとたん——気を失った。

彼は、こんな体験はその一回だけだという。

もしかしたらその公園で、過去に何かあったのかもしれない。調べてはいないが、そもそも人が住みにくい土地だから公園にするという話もある。

つまり、なにか謂《いわ》れがあるかもしれないが、それもわからない。

彼がなにか禁忌《きんき》を犯したわけではないのだが、辻斬り的に一度だけ怪異に遭遇してしまったという話だ。

憑いたおばさん

いつも僕の動画配信チャンネルを見てくれている男性の方から、実に興味深い体験談をいただいた。この方の名前を仮にBさんとするのだが、いま現役の大学生であるBさんが中学生だった時の話。

実家のある地方都市のその街は、生まれ育った場所なので、幼馴染みも顔見知りもたくさんいる。学校の長期休暇の時には、仲の良い同級生たちの家に小学生の頃から泊まりに行き来していたそうだ。

休日のある日、実家から歩いて十五分程度のところにある友だちの家に泊まりにいくことになり、日が暮れたぐらいの時間に着替えなどを持って歩いて向かっていた。

途中、よく使う商店街の中を突っ切ると、そこから友だちの家までは一本道になる。

その途中に別の幼馴染みの父親がやっている居酒屋があり、その前を通りかかったらちょうどその父親が「おう」と声をかけて来た。「あっおじちゃん」と返すと「どこ行くの?」と言われる。もう仲良しですから「○君の家に泊まりにいくんだよ」と言うと「ああ、そうなんだ、気をつけてな」「はい」——。

そんな会話をして前に向き直り歩き出すと、前方から歩いてくる人がいる。

紫色のストンとした服に、紫色の帽子を被っている中年の女性。

Bさんにしたらオバさんというほどの年齢の女性が、ほんの先まで近づいてきていた。うわ、すごい格好の人だ、と思っていたら、そのオバさんがすれ違い間際に、

「後ろに、女の人がいるよ」

とBさんに声をかけた。

Bさんは「うわ」って思って、とっさに後ろを振り向くと、そこには今話したばかりの幼馴染みのおじちゃんがいる。むしろ、そこにいるのはおじちゃんだけで、今すれ違ったばかりのはずの紫の格好のオバさんの姿がないのだ。

びっくりした顔で勢いよくあちこちに顔を向けるBさんを、幼馴染みのおじちゃんが不思議そうな顔をして見ていた。

その日を境に、夜に金縛りに遭うようになった。

一度きりではなく、一夜の間に何度も遭う。なんでこんなことに、と思っているうちにペースが数日毎になってきた。やがてさらに日にちが空くようになり、中学校を卒業した頃にはようやく、金縛りに遭うことはなくなったという。


高校生になって、地元以外の友達もたくさんできてきた頃。

同級生にAさんという女の子がいた。

昼休み中、Aさんを含めた友達たちとオカルトや怪談の話題になった時に、ふとBさんは中学生時代の体験を思い出した。

「おれ、後ろに女の人が憑いてるって言われたことあるんだよね」

そう話をしたら、Aさんが言い出した。

「そうなんだ。うちのお母さんね、いわゆる除霊とかお祓いとか、そういうのをしているんだけど、今度会わせようか」

「え、そうなんだ。じゃあぜひ会いたい」

そうは言ってもなかなかタイミングが合わず、会えないまましばらく経っていた。

ある日、学校行事で運動会があり、生徒たちの保護者も大勢、学校内へ来ていた。

Bさんが廊下を歩いていると、知らないおばさんが向こうの方からスタスタスタスタと早足で寄ってきた。そして訊いてきた。

「間違っていたらごめんなさい。あなた、うちのAのクラスの男の子で、後ろに女の人が憑いていると言われた人かな？」

「えっ」と思ったが、すぐにあの時のAさんとの話だと思い至り「あ、それぼくです」答えた。

「やっぱりそうか。ごめんなさいね、早く見てあげられたらよかったんだけど、かわいそうに」

と本当に気の毒そうな表情で言う。

「もしよかったら、Aと私と三人のスケジュールに合わせなくていいから、一人で私のところに会いに来れるかしら？　ちゃんと見るから」

Bさんは素直にうなずいて、後日Aさんがいない時間だったが家に行くことになった。

「あなた、紫色の女の人に心当たりがない？」

Aさんのお母さんは、いきなり最初にそう訊いた。

「あ、そうなんです。後ろに女の人がいる、と言ったのが紫の格好をした女の人だったんです」

「その女の人の顔を思い出せる？」

そう言われて考えた。

普段から人の顔は割と覚えが良かったのだけれど、改めて考えるとその女の人の顔を絶対に見たのに、思い出せないのだ。

それでも思い出そうと頑張る。そうすると、その女の人の顔が〈グチャグチャ〉になってしまう。

「すみません、どうしても思い出せなくて。あの、顔がグチャグチャになってしまうのが、なんだか記憶の中にあるんですよ」

そう言った。するとAさんのお母さんは、

「あ、それで、合ってるの」

と言う。

「その女性は、町全体が大火事になった時にその一本道で逃げ遅れて焼け死んだ人なんだけど、発見された時の顔がグッチャグチャだったの。だからその記憶、合っているの」

その後、お祓いしてもらって教えられたことは、Bさんには元々、守護霊のような女性が背後に憑いていたという。

それをあの時に紫の格好のオバサンは「後ろに女の人がいる」と言ったのだ。

そして、それを押しのけてBさんに取り憑いたのだという。

百貨店

中国地方に住んでいる、僕の動画配信番組をよく見てくれている女性のミキさん。

彼女は地元の百貨店に入るアパレルブランド店に勤めている。

二十代半ばのミキさんはそこに勤めて何年も経つが、その間に古株の方が何人も辞めていっている。そして一人辞めると一人、新人が入ってくるのだという。

ある時先輩が辞めて、代わりに新人として同年代の山本さんが入ってきた。

初日、山本さんがスタッフのみんなに挨拶している中で、自分のところにも来た。

明るく「どうも、はじめまして」と名乗ったところ、山本さんはミキさんを見ながら露骨に嫌そうな顔をして、名前を言うとともにそそくさと行ってしまった。

「なにあれ？　ちょっと感じ悪いなあ」その時に思った。

その日から職場は一緒になったものの、山本さんとはさほど接点がなかったので話をすることはなかった。当然彼女の方から話しかけてくることも皆無だった。

暫くそんな感じだったので初対面のことなどすっかりどうでもよくなっていたが、ある日、店長に「休憩入って」と言われたタイミングで、山本さんと休憩時間が一緒になった。

休憩室で二人きりになる。何も話をしないのはむしろ不自然なので、どうしようかなと考えた。

彼女は僕の動画配信番組を見てくれていて、僕のオフィシャルサイトに体験談を投稿してくれるくらいの怪談好きなので、きっかけの話題としてこう言ってみた。

「山本さんって、お化けとか見たことある？　お化けって信じる？」

もしうまくいけば自分の得意分野で盛り上がれるな、ぐらいの感じだったが、山本さんはちょっと神妙な顔で答えた。

「私、幽霊見えるんです。いや、いつか言わなきゃいけないと思ってたんですけど。本当に申し訳ないです、初対面の時、私、挨拶すごい感じ悪かったですよね」

（え、感じ悪かったことを自分でもわかってやってたんだ……というか、幽霊が見える？　どういうこと？）そんなことを思っていると、山本さんは続ける。

「実は私、昔から幽霊が見えるんです。ただ、やっぱり周りの人も信じてくれなくて、自分の母親も信じてくれない。なので、ちょっと気持ち悪がられるのもアレなんで、あんまり言わないようにしていて。実はあの時、挨拶しようと思ったんですけど、ミキさんの後ろに男の子がしがみついていて――子供なんですけども、あと、お腹のところにも顔が見えて――」と話し出した。

それで、山本さんは心の中で「うわああ」となってしまって、あんな挨拶をしちゃったのだと言う。

ああ、そういうことだったんだと思った。言っている内容は怖いけれど、でも怪談が好きですから、もうちょっと聞かせて欲しいと話を促した。

山本さんは双子だそうで、彼女は人に憑いているものが見えて、双子のもう一人は人の守護霊みたいなのが見えたりすると話してくれた。

姉妹そろって昔からそうなのだという。

興味がどんどん湧き「それって、普段から見えてるんですか？」「写真とかでもわかるんですか？」などと訊くと「わかる」とうなずく。

そして、ミキさんには男の子が憑いていて、ミキさんの後ろで手をまわして体にしがみついていると言う。

「ホントにこれ、失礼なこと訊いちゃうんですけども、子供を中絶した経験ありますか?」

ミキさんはそういう経験はないので「いや、ないですよ」と答えた。

「だとしたら珍しいですよね。中絶した女性に子供が憑いてるみたいなのはけっこう見るんです。けど、そういうわけでもないのに子供が憑いてるっていうのは、本当にその男の子の霊はミキさんのことを気に入ってるか、居心地がいいんでしょうね」

と言う。「なにそれ?」と思いながらも二人でそんなことを話していると、同年代ということもあって、だんだんと打ち解けてきた。

そうして毎日顔を合わせるたびに話をするようになった。

すると、たまに山本さんが、

「ああ、今日は子供いませんね」というような日もある。

「なんでだろうね?」と訊いたら、

「その子は、もうずいぶん長いことミキさんに憑いているから、背中にいない時はミキさんの家にいると思います。ミキさんに馴染んじゃっているから、一緒にいたい時と気分によっては家で待っていたりするんだと思います」

「そんなことあるんですね！」

というように、山本さんは話をする。

また別の日には、出社した途端、山本さんがやってきて「部屋の掃除、しました？」

と訊く。休み明けで出社したばかりだったので、

「え、なんでですか」

ちょっとびっくりしてそう言うと、山本さんが言う。

「今日は男の子ミキさんに憑いてきていて、男の子が私に向かって、そう言っているんです。ミキさんが急に部屋の掃除を始めた。そんなことは、自分が部屋にいるようになって初めてだ。大掃除していろんなもの捨てているから、自分も捨てられちゃうんじゃないか不安で——と、そう私に言ってます」

「あ、私、昨日お掃除したんです」

この人、マジで見えてるじゃん、と改めて思った。

その山本さんが、数日後に突然店を辞めた。

店長から朝のミーティング時に「山本さんが辞めました」と告げたのを聞き、せっかく仲良くなれたのにと残念に思っていたので店長に「なんでですか」と理由を訊いた。

「いや、もちろん本人の事情なので、詳しいことは分かんないんだけどね」

店長は言いながら、

「ただね、最終的に泣きながら、そこには行きたくないって言われたんだよね」

と困った顔をした。

ミキさんは思い出した。ここ何日か、山本さんが言っていたことを。

「ここはやばい、ここはひどすぎる」

もしかしたら、それって最後に交わした会話だったかもしれない。山本さんには、私たちにはわからない何かがずっと見えていたのかなあと。

そのアパレルショップが入っている百貨店自体が、実は地元では有名で心霊スポット扱いされている場所なのだ。建物の下には、戦死した人たちが埋められたままになっているという話だった。

山本さんにはそれが耐えられなかったんじゃないかな——ミキさんはそう言う。

その女性の物語はまだ続いてる

毎年秋に渋谷のＯ‐ＥＡＳＴという会場で「渋谷怪談夜会」というイベントを開催している。二〇一六年にも「渋谷怪談夜会 第三夜」が開催されるということで、スタッフさんとの打ち合わせで「秋の本編に先駆けて春に一発スピンオフのイベントを打とう」という話になり、系列店のＯ‐ｎｅｓｔさんでやることになった。

イベントの最後に、とある書籍に書いた話について話した。その話というのがフルサイズだとかなり長尺の話なのだが、その中の前半の一部だけを書籍に書いたのだ。というのも固有名詞が出る関係や現在も営業中の施設が関連していたり、なにより現在も進行形の話だから、全部を活字にして形として残すのは控えた。

だけど、その後半を抜いても前半の一部だけでも内容としては実に興味深かったので、そこまでで一旦完結する形で書籍に書かせてもらった。

その話を喋ることにした。イベントなので包まずに後半も話したのだ。

僕はステージの下手《しもて》の一番端に座っていた。客席から観るとステージの左端だ。なので、すぐ横にスピーカーがあり、自分が話す声がすぐに聞こえる。また誰かがマイクを通して喋ればその声もよく聞こえる。

すると、僕がその怪談を話し始めた途端に、スピーカーから女性の声が聞こえだしたような気がした。

高い声に思えたが、もしかしたらただ高い音が入っているだけかもしれないと考えた。（なんかちょいちょい聞こえてるなあ）と気にはなったが喋っている最中なので、そこで僕の集中力が切れてしまったらショーとして成り立たない。なので皆さんにちゃんと聞いていただきたいと思い、最後まで話し切ることにした。

全部を喋り終わり、イベントは終演。

客席には知人や怪談関係者も何人も見に来てくれていた。北海道から怪談ライブバー・スリラーナイトの語り手の匠平《しょうへい》さんも来られていたが、終演後にお会いすると「ぁみさん、あれマジですか」と言い出す。

匠平さんに話を聞くと「実は客席で、ぁみさんの最後のあの話の時スピーカーからずっとヘンな声が聞こえるってざわついていたんですよ」と言うのだ。

その後も会場ロビーで、何人ものお客さんに同じことを言われた。

スピーカーから女性の声がして、その日の女性出演者である、りゅうあさんとニコルさんのどちらかの声かなと二人を見るのだけれど、僕が喋っている最中なので二人ともマイクを膝の上に置いて座っていた。マイクを通さないと、このスピーカーに音はのらないわけなので、それに気づいたお客さん同士がざわつき始めたということなのだ。

喋っていない人の声が入るはずもないのに、スピーカーからは女性の声がずっとしている――。

その僕の喋った話の内容というのが、とある女の人がとても悲しい思いをさせられ、苦しみ亡くなった。その後、亡くなった施設や周りの人たちに、いろんな不可解な現象が続き、不幸な出来事まで起こり続ける――という話だ。

それを僕がステージ上で喋っている最中、スピーカーからは、

「やめて、やめて、やめて……」

と言う女性の声が聞こえていたそうだ。

これには心底ゾッとした。何故かというと、書籍に書かなかった理由が実はもう一つあり、話の提供者の方との間で言っていたことがあった。

「この話、喋るたびに喋る先々でいろんなことが起こるから、まだこの話って終わってないよね。この女の人の話って終わってないんだよね」

僕は、そのイベントでこの話をしようと思った時に、少し準備しようと思った。というのも、話自体がかなり長尺なのと、以前に書籍に書いた続きの部分も含めてまとめて話をするのは初めてだったので、練習しなくてはと思ったのだ。

イベントの前夜に仲の良い知人に電話し、彼を相手に最初から最後まで電話口で喋ってみることにした。

この知人というのが怖いのが苦手なので、僕は怪談だと言わず世間話のように明るく話し出した。すると、僕が喋り始めた途端に「ちょっと待って」と言われた。

何だろうと話を止めると、すぐに「ああいいよ、続けて」と言われる。再び喋り始めると「やっぱりちょっと待って」と言うのだ。

「なに?」と言うと「ああ、いいよ続けて」とまた言う。再び喋り始めると「ああ、やっぱりそうだ」と言い、続けて「今どこにいるんですか?」と訊ねられた。

「いや、自分の部屋から電話してるよ」

「誰か他にいます?」

「いや、いないいない。シンとしてるよ」

「ぁみさんがね、その怪談をし出すとね、ぁみさんの真横でなにかを——ズズズッ、ズズズッと引きずる音がするんですよ」


その女性の物語はまだ続いている。

いたこ28号

Itako No.28

自称怪談ソムリエ、またはガチ怪談からエロ怪談まで何でもアリな怪談バーリトゥーダー。TV番組、DVD作品、書籍、トークライブ等、各メディアで活動を展開中。著書に『憑依怪談 無縁仏』、共著に『現代怪談 地獄めぐり 無間』のほか、「北極ジロ」名義で『「超」怖い話 超-1 怪コレクション』シリーズで執筆し、超-1／2010最優秀作品賞受賞。

怪談と縁

ありがたいことに、実話怪談を聞かせてもらえる機会が増えてきた。

体験者が直接話す怪異談は、体験したからこそ出せる、なんとも言えない雰囲気とエネルギーを感じ取れる時がある。

あの空気感を文字や語りで伝えたいのだが……まだまだ私には実話怪談作家の修行と技術が足りないようだ。


知り合いの紹介で、三人の方を新宿にある喫茶店にて取材をした。

興味深い実話怪談を何話も聞かせてもらえた。

話をお伺いしていると、私も何か怪談を話したくなった。

怪談の取材をしていると楽しくなり、自分も話したくなることがよくある。

私は最近取材をした、ある男性の恐怖体験談を語ることにした。

「この話は――デザイン会社に勤めている男性が体験されたのですが」

「その話はちょっと待ってください！」

取材をさせてもらったうちの一人の女性が、私の話を止めた。

「どうしたの？」

「その話は、あまり良くないかも知れません」

「私に？」

「はい」

「どうして？」

「その話を始めようとされた瞬間に……」

彼女は私から視線を外して、私の肩越しに後ろを見た。

「のっぺらぼうの、顔のない男が現れました。ネクタイ締めて、スーツを着ています」

「妖怪？」

「あっ……間違っていました。顔がないんじゃなくて。理由は分かりませんが、頭から白い袋を被っています」

私は彼女の指摘を聞いて心底怖くなった。

確かに袋を被った男に纏《まつ》わる実話怪談を語るつもりだった。

彼女には、あの男が見えているようだ。

「場所も近くのようですから。その話は止めたほうがいいですよ」

私は別の実話怪談を話した。


怪異談を集めていると、同じような怪異が起こる時がある。

取材をすることで、語られた怪異と何かしらの『縁』を持ってしまうからだろうか。

怪異談でお金をもらっている者として、そういうのもありがたいことなのかも知れない。


しかし私は怖い。怪異と縁を持つことが怖い。

まだまだ私は実話怪談作家としては修行が足りないようである。

だいこん

新宿にある劇場で怪談イベントが行われた。

イベントは昼と夜に分けられた二部制で開催され、筆者は夜の部のゲストとして呼んで頂いた。

夜の部は十九時開演だが昼の部を見たいので、主催者に頼み席を用意してもらった。

昼の部は日本全国から集まった怪談マニアたちが、興味深い体験談や恐怖体験談を次々と語る素晴らしいイベントだった。

私はイベント前半の休憩前に奇妙なことに気づいた。

前列から二列目の席に座っていたのだが、舞台の上手《かみて》（お客さんから見て右側）の脇幕が動いていることに気づいたのだ。

脇幕とは、客席から舞台袖部分が見えないように上から吊り下げられた幅が一メートルぐらいの黒幕である。

それの丁度一七〇センチ程の高さの場所が膨らんだりへこんだりしているのだ。

まるで身長が一七〇センチ程の人間が脇幕の後ろから顔を突き出し、幕に押しつけて動かしているように見えた。

空調によって動く自然な揺れではなく人為的な動きだ。

誰かが悪戯をしているのだと思ったが……。

舞台の裏に六畳ほどの控室があり、イベントが始まるギリギリまで私はそこにいた。

控室には一度舞台に上がり、上手側からでないと入れない作りになっている。

私は最後に控室から出てきたので、今は控室にも舞台袖にも誰もいないことを知っている。

そして語り手は客席から順番に舞台に上がるので、MCの二人と語り手以外は誰も舞台にはいないはずなのだ。

なのに脇幕裏にいる何者かが顔で幕を押すように膨らませ、しばらくするとゆっくりと戻し……そしてまた同じ動きを繰り返しているのだ。

隣に座っていた男性も気づいているようで、無言で私に同意を求める合図を送っていた。

前半が終了し、休憩になった。

私は舞台に上がり脇幕の後ろを見た。

誰もいない。

もちろん控室にも誰もいなかった。

席に戻ると隣に座っていた男性と数人のお客さんが、脇幕が動いていたことを話し合っていた。

私が袖にも控室にも誰もいないことを告げると「幕の後ろから着物が見えませんでしたか?」とのこと。

私には確認できなかったが、前列に座っていた客は、動く幕の後ろからちらちらと着物の一部が見えたという。

目撃した柄が全員同じだと分かり、会話が盛り上がった。

そして袖から何か囁いている声が聞こえていたという目撃者も現れた。

リアルタイムで怪奇現象を目撃しているのに、見えたものや聞こえたものが各々違うのはとても興味深い。

何が見えたのか話し合っていると休憩時間が終わり、後半が始まった。

その後も同じように上手の脇幕が不自然に何度も動いていた。

怪談イベントは大変盛り上がり、昼の部が終了した。


私は控室でスタッフと夜の部の簡単な打ち合わせをした後、開演まで時間があるので外に食事をしに行くことにした。

控室から舞台に出ると、床に白い大きめのカップが置かれていた。コンビニで汁物系を買うと入れてくれる、あのカップだ。

なんでこんなものが舞台の上に……。中を覗き込む。

おでんの具であるダイコンが入っていた。

おでんの汁に浸かった二切れのダイコン。

まるでお供え物のように置かれたそれは、何か意味有りげだったので、そのままにして劇場から出た。

夕食を食べ終わり劇場に戻るとあの白いカップとダイコンは消えていた。

スタッフに尋ねると、あれは客が置いたという。

その客は舞台に語り手が上がる度に、上手の袖から囁いているモノがいたというのだ。

声は怪談を語る語り手に向かって何度も何度も囁いていたという。

「ダイコン……。ダイコン……」

ダイコンまでは聞き取れたが、その後の言葉は分からなかった。

理由は分からないが【ダイコン】を欲しがっているのだと思い、イベントが無事に終了できるようにと、コンビニでおでんのダイコンを買ってきて置いたそうだ。

詳しく話を聞きたかったが、ダイコンを買ってきてくれた客は仕事があるといって既に帰っていた後だった。

劇場にスタッフや客が戻ってきた。

我々はダイコンの話題で盛り上がった。

前列にいた数人の客にも声が聞こえていたという。

私には聞こえなかったが【ダイコン】という言葉を聞いた人は何人もいた。

しかし彼らはイベントが後半になると【ダイコン】ではないと分かったというのだ。

語り手が舞台に上がる度、彼等に向かって囁かれていた言葉とは——。

「ダイコンヤクシャ。ダイコンヤクシャ……」

——大根役者。

舞台の語り手たちに向けて、上手の脇幕の後ろの暗闇から着物を着た何かが何度も囁いていたのだ。

私は、おでんのダイコンをあのまま舞台上に置いておかなくて良かったと思った。

何故なら劇場にいるナニかに喧嘩を売っていると勘違いされる可能性があるからだ。

夜の部で怪談を語るのは私だし……。

夜の部のイベントも事故もなく無事に終了した。

終了後お客さんに確認をしたのだが、夜の部では上手の脇幕が動くことも「大根役者」との囁きも無かったという。

私が語った怪談に満足して静かにしてくれたのか、つまらなくて帰ってしまったか、真偽の程は定かではない。

真の映画ファンとは

「古くて小さな名画座なんだけどね」
高木は映画をスクリーンで観ないと制作者に失礼だという持論がある映画ファン。
年間百本以上も観るので、さすがに入場料が馬鹿にならない。
だから自分の中で観たい映画のランクを決めている。
ロードショーで観たい映画がAランク。
一般公開中に観たい映画がBランク。
気になる程度の映画がCランク。
Cランクは二本以上が上映される名画座で観る。
代休を取り朝から映画三昧だと近所にある名画座に向かった。
平日でしかも一般公開後の作品に多くの客が入るわけがない。

客は営業をサボってますオーラが漂うサラリーマンと、ドテラ姿の爺さんと、高木の三人だけだ。

名画座と呼ばれる小屋は、音声が悪くフィルムの状態すら悪いこともある。

座席も硬い。

決して環境は良くないが、スクリーンで観るという行為自体に意味があるので、問題はなかった。

高木はスクリーンで映画を観ることができれば幸せなのだ。

最後列の真ん中に座る。

映画のクライマックス。

最前列左端で、赤い服を着た客が立ち上がったという。

赤い帽子に赤い服に赤いズボン。

後ろ姿なので性別は分からない。

トイレにでも行くのか……。

赤い服の客は直立不動のままで動かない。

目障りだ。

そいつは席に座り……暫くするとまた立ち上がった。
同じ行動を何度も繰り返した。
幸せなひとときを邪魔されて腹が立った。
上映が終わったら文句の一つでも言ってやろう。
いや、ちょっと待て。劇場内には俺を入れて客は三人しかいないはずだ。
それに最後列にいるので、全身赤い派手な奴が上映中に入ってきたら絶対に分かる。
上映が終わり場内が明るくなった。
客は高木を含めて三人しかいなかったという。
「二人にも見えていたのかどうか。怖くて聞けなかったよ」

坂山は映画ファン。
お気に入りの映画は劇場で何度も観るという今時珍しい反レンタル派。
お気に入りの作品が名画座で上映されているので観に行くことにした。

休日なのに映画がマニア向けなこともあり客は十人程度だったという。
最前列から二列目の真ん中の席に座る。
映画がクライマックスを迎えたとき、左目線の隅に赤い物体が現れた。
そいつは最前列の左端の席にいたという。
はじめは人の大きさぐらいある赤い紙がぶら下げられているのかと思った。
ペラペラの赤いモノがユラユラと動いている。
目障りだ。
それに後ろの客に失礼だろう。
直視するとそれは赤い人型をしていた。
あんなモノが前方の客席でユラユラしていたら気になるだろう。
後方にいる客たちを見る。
しかし彼らはごく普通に映画を観ている。
奇妙な違和感。
彼らにはアレが見えていないのか？
体を前に乗り出して赤い人型を見る。

赤い人型はヒラヒラと下に垂れて行くと座席の下へと入って行った。

それは後方へと移動したように見えた。

「ああやって床を這いながら席から席へと移動しているのだとしたら。俺の足元にもアレが……と考え恐ろしくなったよ」


二つの奇談は同じ映画館で起こっていた。

高木も坂山も赤い人が怖かったが、上映された映画は全て最後まで観たという。

舞台となった名画座は閉館してしまい今はもう無い。

四棟の四階の四号室

最盛期には八〇〇以上あった炭鉱は、次々と閉山した。

九州で唯一残った池島炭鉱も、二〇〇一年（平成十三年）に幕を下ろした。

「子供の頃に住んでいた九州の町にもね、閉山された炭鉱があったんです」

そこは元炭鉱夫たちの団地だったと西村は言う。

西村が小学三年生になった頃には団地は廃墟になった。

「親からも先生からも危険だから、廃団地では遊ぶなと言われていました」

言いつけを守っていた彼だったが、小学校六年生の夏休みに友人と廃団地を探検することになる。

「同じクラスの田中君が団地に凄い物があるから見に行こうと。友達から意気地なしだと思われたくないから——バカですよね」

行きたくなかったが、断ることができなかった。

田中に「何があるのか教えろよ」と問うと「来れば分かる」と、ニヤニヤ笑うだけで答えない。四棟の四階の四号室に、それはあるという。

「夏休みに、クラスの悪ガキ五人で探検に行きましたよ」

小学生なので、夜でなく昼間に探検をすることになった。

鉄筋コンクリート五階建ての団地六棟が、綺麗に並んでいる。

団地の周辺は雑草や木が伸び放題で小さな森になっていたが、建物の中は誰も住んでいないとは思えないほど綺麗な状態だった。

今考えると、誰かが定期的に掃除をしていたのかもしれない。

四棟のコンクリート階段を上がり、四階の踊り場に出た。

直線に伸びた開放廊下の左側には鉄の扉が並んでいて、右側にあるコンクリートの手すり壁の向こう側には入道雲と青空が見えていた。

廃墟の団地はまったく怖くはなかった。

開放廊下を歩いていき、西村は施錠されていない四〇二号室の鉄の扉を開けた。

外に向かって部屋の中で暖まっていた熱い空気が吹き出した。

部屋は綺麗に片付けられ、残された箪笥やテレビがある。西村は其処だけ時間が止まっているような不思議な気持ちになった。

部屋に入らずに扉を閉めて、廊下の前方を見ると、数メートル離れた部屋の前に田中が立っていた。

西村を見ながら「ここだ」と右手で扉を指している。

四棟の四階の四号室。西村はすぐにそこへ行くと扉に手をかけた。

……扉は開かなかった。鉄の扉は施錠されていたのだ。

「田中君に、これじゃ部屋の中を見れないぞって言うと」

田中はニヤニヤ笑いながら扉の横にある台所の小窓を開けた。

台所の奥には畳の部屋がある。カーテンのない窓ガラスから光が差し込んで室内は良く見える。

室内には荷物や家具などは置かれていなかった。

しかし異常なものが畳に無数に立っていた。

幅が十センチほどで長さが一七〇センチはある、木の薄い板だ。

上部には左右対称に切り込みが入り、模様のようになっている。

「板には黒の墨で難しい漢字が書かれていました。当時はそれが何かわかりませんでしたが、禍々《まがまが》しさを感じました」

田中は「あれは墓にある卒塔婆《そとば》だ」と言った。

墓場にある卒塔婆が部屋の畳に何本も突き刺さっているのだ。

数えると八本あった。

五人で小さな台所の窓から中を覗いていると、田中が「あの卒塔婆が欲しい」と言う。

「何バカなことを言ってるんだと。止めたのですが」

西村たちが止めるのも聞かず、田中は小窓から上半身を部屋の中に入れると……。

その状態で動かなくなった。

「田中君に、どうしたの、と声をかけたら」

突然「うわぁ」と声を上げると後退りして後ろに倒れてきた。そして、お尻を思いきり廊下のコンクリートに打ち付けた。

田中は廊下に座ったまま、「なんでなんで」と意味不明なことを言い小窓を指差している。

西村たちは小窓から部屋を覗き込み、声を上げた。

すべての卒塔婆が静かに、そしてゆっくりと畳の中にめり込んでいくのが見えた。

畳から三分の一ほどしか見えなくなった頃、怖くなって五人は逃げた。

「バカだから。再び探検に行きました」

同じ部屋の前に行くと、田中が台所の小窓から部屋の中に入り扉を開けてくれた。

四棟の四階の四号室である、部屋の中には卒塔婆は無かった。

そして畳を確認するのだが、卒塔婆を立てるために必要な切り目の跡も、めり込んだ跡も無い。

「全員で畳にめり込んでいくのを見てるんですよ。不思議でした」

やがて、西村は小学校を卒業し中学生になった。

その頃、廃団地は若者たちの肝試しの場所となっていた。

ガラスが割られ落書きがされ、廃団地は荒らされていった。

「田中君とは同じ中学校に入学するのですが、彼は中一の時にある事件を起こしました」

ある日、母親が掃除をするために彼の部屋に入るとベッドの下から、あるものを見つけてしまうのだ。それは古い卒塔婆。

田中は墓場から卒塔婆を盗んで、自分の部屋に隠していたのだ。

「その後も墓場から卒塔婆を盗んでは部屋の中に隠していることが何度もあったそうです。田中君とは同じクラスではないので、遊ぶこともなくなりましたが、たまたま公園で見かけた時に卒塔婆を盗んだ理由を訊いたんです」

田中はヘラヘラ笑うだけで理由は語らなかったという。

卒塔婆の件が学校中に広がり、同級生からは気持ち悪がられようになる。

そして暫くすると虐められるようになった。

中二の夏休み、西村が夜の八時頃に自転車で帰宅途中、前方に何かを引きずって歩いている人がいた。近づくにつれ、それが田中だと分かった。

田中が卒塔婆を引きずりながら歩いていたのだ。

「おまえ、何やってんのと怒ったら、虐めた奴らを呪い殺すために使うんだよって笑ったんです」

そして両手で卒塔婆を握ると、高笑いしながらブンブンと振り回しだした。

西村は怖くなりそのまま走り去ったという。

やがて田中は学校に来なくなり、中学三年の夏に祖母がいるという大阪へ越して行った。

その後のことは分からないという。

「あの団地で畳に刺さっていた卒塔婆なんですが、今思えば田中が悪戯でやったんだと思うんですよ」

炭鉱で栄えていた町は、閉山とともに人々は去り、過疎化していった。

今では町には、老人しか住んでいないという。

その廃墟の団地は取り壊されて、平地になっている。

土嚢袋

川原敏行は、新宿にあるクライアントとの打ち合わせを終え、帰社するために駅に向かって歩いていた。

信号が赤に変わり、四車線ある交差点の歩道で立ち止まる。

先ほどの打ち合わせで新たな問題が発生し憂鬱な気分だ。

無意識に左側にある歩道の方を見た。

コンビニの店員が折れた街路樹の枝を右手で握り引きずりながら、こちらに向かって歩いてくる。

一メートル以上はある枝には青々とした葉が茂っていた。

歩いてくる店員の向こうの歩道に、スーツ姿の男性がうつ伏せに倒れている。

前輪がひしゃげた自転車も見える。

事故か……。

川原は興味本位で倒れている男の方に近づいて行った。

枝が何本もへし折れている街路樹の下に、潰れた自転車とうつ伏せの男。

一階にコンビニが入っているビルを見上げた。

八階建てのビル。

どの階の窓も、開いてはいない。

あの男はここの屋上から飛び降りたのだろうか……。

嫌なモノを見てしまったという後悔とともに、歩道の通行人が巻き込まれるかもしれない無責任な行為に怒りを覚えたという。

歩道に横たわったままの男は、頭に白い布袋を被っていた。

かなり大きめの白い布袋だ。

そして本来ならば袋の口を縛るための白い紐が、男の首に巻かれている。

ポリエチレン製の白い布袋……。

それは土嚢《どのう》袋だった。

野次馬たちが集まってきた。

目の前で人が死んでいる現実感が湧いてくるのと同時に、興味本位でそれを見ている自分にも嫌悪感を覚えた。

消防車とパトカーのけたたましいサイレンが近づいてきて、川原は我に返った。

消防車から降りてきた隊員たちは統率された動きでテキパキとするべきことを始めた。

蘇生処置を始める隊員、大声で叫んで意識の確認をする隊員、黄色いテープを張り野次馬を遠ざける警察官――。

現場は騒然となった。

消防隊員が男の被っていた白い布袋を脱がした。

顔面が紫色に変色しパンパンに膨らんでいたのが見えた。

〈嫌なもの見ちゃったね。夢に出るよ〉

二人組の女が会話をしながらスマホで現場の様子を撮影し始める。

憂鬱な気分で立ち去る川原の後方から、遅れて到着した救急車のサイレンが聞こえてきた。

会社に戻った川原は、仕事中に何度もニュースサイトを見たという。

飛び降り自殺した男の情報は何も得られなかった。

年間二万人以上の自殺者が出ている日本では、自殺は日常の死となりニュースにはならないのかもしれない。

その夜、川原が一人暮らしをしているマンションに帰ったのは二十三時を過ぎていた。

シャワーを浴びてベッドに入ったが、昼間の飛び降りた男を思い出してしまい、なかなか寝付けなかった。

しかし、いつの間にか眠っていたのだろう、息苦しくなって目が覚めたという。

部屋の空気がまるで圧縮されたように重い。

〈ザッ、ザザザッ、ザッ、ザザザッ〉

ベッドの下から奇妙な音がする。

フローリングにスーツを着た男がうつ伏せで倒れていた。

頭には白い布袋を被っていた。

芋虫が這うように腰を持ち上げると〈ザッ〉と音を立て、うつ伏せの状態に戻る。

その動きのたびに男の服がフローリングと擦れて気味の悪い音を出していた。

川原は、アレはこの世のものではないと理解した。

右腕を床につくとグニャッと曲がり、左腕をつくとまたグニャッと曲がる。

男は全身の骨が砕けているのか、のたくっているように動き出した。

「なんで俺に憑いてくるんだ。何も出来ないので帰ってくれ！」

叫ぶと、男の動きが止まった。

グニャグニャと奇妙な動きで、川原に向かい合うように正座をした。

男に話しかけたことを後悔した。

頭に被った白い布袋がパンパンに膨らんでいる。

普通の人間の三倍近い大きさはあった。

頭が重いのか、ゆらゆらと揺らしながら口のあたりをモゴモゴと動かしていた。

と、急に男が飛び跳ねた。

川原に向かってベッドの上に倒れこむと、芋虫のようにくねりながら這い上がろうとする。

ヒッと川原は反対側の壁に向かって飛び退いた。

男を見たくないので壁に顔を押しつけて震えあがる。

余計なことをした後悔と恐怖で頭の中が一杯になった。

「ちがう」

くぐもった声で男は呟いた。

「ちがう……。ちがう」

ズズズズッと音を立てながら男が詰め寄って来るのが分かる。

壁に顔を向けて強張る川原の後頭部に柔らかい感触が……。

白い布袋を被った顔を後頭部に押し付けてきたのだ。

ごわごわとした布の質感と、その中のパンパンに膨れ上がっているであろう顔の柔らかい感触が川原の後頭部にめり込んできた。

「ちがう。ちがう。ちがう」

「ちがう」という言葉を何度も何度も繰り返した。男が「ちがう」と何度も呟く口の動きが後頭部から伝わってくる。

このままでは恐怖でおかしくなってしまう。

嗚咽と涙が無意識に流れていた。

「ちがうんだよ。とし君」

子供の声だったという。

同時に多くの過去の記憶が頭の中に流れ込んできた。

川原敏行がその記憶の意味を理解すると後頭部から感触が消えた。

振り向くと男はいなかった。

「ごめんな。ごめんな。気づかなくてごめんな」

川原は何度も呟きながら朝まで泣いたという。


死んだ男性は小学校時代の親友だった。

翌日、新宿で自ら命を絶った彼の死を知らせる電話が母親からあった。

「ただね。彼のお葬式にもお墓参りにも行ってないんですよ。うまく説明ができないのですが……怖いんです」

サリーちゃんの館

畑丸《はたまる》は心霊スポットマニアである。

新入社員の小泉《こいずみ》が北海道生まれだと知り、会社の忘年会中に北海道で有名な心霊スポットを教えてくれと迫った。

露骨に嫌な顔をされた。

畑丸曰く「臭いドブを見るような目だった」そうだ。

それぐらいでめげる畑丸ではない。

酒の席で空気を読まず「お前の地元で有名な心霊スポットを教えろ」と迫り、嫌がられる経験は日常茶飯時で想定内だ。

小泉は渋々地元で有名なのは『サリーちゃんの館』だと言った。

高校生の時に恐ろしい体験をしたという。しかしトラウマなので話したくないと……。

サリーちゃんの館とは。

名前の由来は不明とされている心霊スポットである。神奈川県存在説が定説だが、他の地域でも「館で心霊現象にあった」との体験談が語られている。

そして有名な『メリーさんの館』と類似する部分が多い。

どちらも日本全国で噂がある、現在版の不幸を呼ぶ『迷い家』的な廃墟だ。

そのサリーちゃんの館が小泉の口から飛び出して驚いた。

畑丸は北海道がオリジナル地ではないかと考察していたので興奮したという。

なんとしても体験談を聞きたい。

根負けした小泉は畑丸にサリーちゃんの館に纏《まつ》わる体験談を話し出した。


高校三年生の夏休みに、同級生からサリーちゃんの館の場所が分かったので肝試しに行こうと誘われた。

彼は怖いので嫌だと行かなかった。

同級生の四人はサリーちゃんの館と呼ばれている洋館の廃墟に入ったという。

館内は荒らされてはいなかった。

不気味ではあったが何ら怪奇現象は起こらず、ガッカリして帰宅した。

暫くすると館を探検した同級生のKが精神を病んだ。

夏休みが終わっても登校できず入院することとなる。

どうもKはサリーちゃんの館で酷《ひど》い行いをしたらしい。

現場でKの行為を目撃している同級生たちは、何かに怯えているようで話してはくれなかった。

Kが入院して半年が過ぎたある日、Kが真夜中に病院から抜け出して大騒ぎになった。

「真冬の函館を薄着と裸足《はだし》で二キロも歩くなんて考えられないですよ」

二月の函館は氷点下になる。

Kは二キロ先にある歩道橋の上から飛び降り自殺をした。

畑丸は小泉に無理やり話させたことに反省をした。

嫌な思い出を語らせて悪かったと謝罪をしたという。

小泉からサリーちゃんの館の怪談を聞いて八年が経った。

畑丸は八年経っても北海道にあるサリーちゃんの館が気になっていた。

北海道出身の新入社員の佐藤が彼の部署に入ってきた。

反省はするが後悔はしたくない。

心霊スポットマニアの血を抑えることは出来なかった。

佐藤を仕事の話がしたいと酒に誘う。飲み屋で「北海道の地元で有名な心霊スポットを教えろ」と迫った。

限りなくパワハラである。

露骨に嫌な顔をされた。

畑丸曰く「臭いドブを見るような目だった」という。


渋々佐藤はサリーちゃんの館だと言った。

地元では大人たちが皆口を揃えて、子供にあの館には絶対行っては駄目だと強く注意をするという。

何故ならサリーちゃんの館に行った高校生が精神を病み、真冬に歩道橋から飛び降り自殺をしたからだ。

「話が繋がった！」

畑丸は同じ話を別人から聞けて興奮した。

八年前から気にしていたサリーちゃんの館の怪談を、再び聞けるとは思ってもいなかった。

伝説の館に行く宿命なんだ。

何か得体の知れない運命を強く感じたという。

二人の証言者から大体の住所は把握していた。

館は大きな池の畔にある。

そして赤屋根。

後はこの二つの特徴が類似する洋館をグーグルマップの航空写真で探すだけだ。

ひと月でサリーちゃんの館を見つけることが出来た。

場所は分かった。

有給休暇を取り、北海道にサリーちゃんの館の謎を解き明かす旅に出かけることになった。

まずは自分自身に気合を入れるために、札幌で怪談マニアの友人と会う。

彼にサリーちゃんの館の場所が分かったぞと報告という自慢話をする。

そこから高速バスで三〇〇キロ離れた函館に移動をした。
函館に着くとレンタカーを借り、サリーちゃんの館へと向かった。

運が悪くその日は、気象庁始まって以来の大雨だった。
バケツを引っくり返したような雨が車のフロントガラスに叩きつけられる。
条件が最悪なので安全運転を心がけて走る。
ただこのシチュエーションに心霊スポットマニアとしては心が踊ったという。
「ホラー映画のファーストシーンみたいで興奮したよ」
変態である。
激しく雨があたり倒れかけている、目的地を示す看板を見つけた。
目指すサリーちゃんの館が近いことが分かった。
大雨の森の中を走る。
雨に打たれる古ぼけた洋館が目の前に現れた。
車から降りると風と豪雨で傘がへし折れた。
畑丸は傘を捨て豪雨の中を洋館の前まで歩いて行く。

目の前におどろおどろしい赤い屋根の洋館がそびえ立つ。

「八年間恋い焦がれたサリーちゃんの館を目の当たりにして感動したよ」

感動している畑丸の横を一台の車が通り抜けていった。

東京でも有名な宅急便の配送車。

配送車が館の前に止まると……館の中から女性が出てきた。

「全てを理解したよ……ここは普通の古い旅館だと」

その洋館はサリーちゃんの館では無かった。

場所を間違えたのだ。

目の前の洋館は営業をしている旅館だった。

「映画『プラトーン』のようだった」

あの名シーンの様に、ショックで力尽き豪雨の中で、膝をついて両手をあげて天を仰いだという。

心霊スポットマニアバカに雨が叩きつけるように降り注いだ。

レンタカーで函館に戻るが、帰りのバスが連絡ミスで予約されていなかった。

満席でバスには乗れずなんとか電車で札幌へと戻るが、金額的にも精神的にも散々だった。

「サリーちゃんの館の祟りだよな」

畑丸は遠い目をして私に語ってくれた。

北海道にあるサリーちゃんの館の場所を知る人がいましたら著者に連絡をください。

畑丸さんに責任を持ってお伝え致します。

谷川岳

遭難者が世界で一番多い魔の山をご存知だろうか？

群馬県と新潟県の県境にある谷川岳《たにがわだけ》である。

一九三一年から八〇〇名以上もの死者が出ている、ギネスブックにワースト記録として登録されている死の山である。

一九六〇年に谷川岳一ノ倉沢《いちのくらさわ》の岸壁で遭難者の遺体が、クライミングロープで宙吊りになった過去のニュース映像を見てショックを受けた記憶がある。

遭難者の多くは一ノ倉沢の岸壁からのルートの登山者であり、通常のルートでは谷川岳ロープウェイで中腹の天神平《てんじんだいら》駅まで行けるので安全に登山ができるようになっている。

筆者はある商品の関係で毎年春になると谷川岳に、撮影のためのロケハン（ロケーション・ハンティング）を行っていた。

ＣＭ《コマーシャル》の制作で、谷川岳一ノ倉沢をバックに商品撮影を行うのだ。

私はその商品ＣＭの制作進行の仕事をしていた。

谷川岳の雄大さと美しさを撮影できるポジションは決まっている。一ノ倉沢出合から雪がある谷川岳を見上げるように撮影を行うのがベストポジションなのだ。

谷川岳を写す広告や風景写真はほぼ、このポジションから撮影されていると言っても過言ではない。

一ノ倉沢出合には私を不安な気持ちにさせるモノがあった。

沢にある巨大な岸壁には無数の慰霊のプレートが設置されているのだ。

プレートには谷川岳で亡くなられた遭難者たちの名前と遺族や友人たちからのメッセージが彫られている。

申し訳ないが私には慰霊のプレートがある岸壁は巨大な墓石に見えた。

一ノ倉沢は巨大な墓地のイメージとして脳裏に焼き付いているのだ。

谷川岳の撮影には大きな問題があった。

冬になると雪が積もり一ノ倉沢には登山経験者でないと危険で入山できない。

なので、毎年四月から、谷川岳に積もった雪の状態と、スタッフが安全に撮影が可能かを見極めるためにロケハンを行うのだ。

ロケハンと撮影時に必ずお世話になる旅館があった。

過去に谷川岳への登山が大変なブームになった頃のこと。モグラ駅と呼ばれる土合《どあい》駅も多くの登山客で賑わった。この旅館にも多くの登山客が宿泊し、部屋数が足りないので何度も増設をしたという。

旅館の長い廊下の左右には大部屋が何室もある。

毎年私たちは数日間宿泊させてもらい、そこから山道を歩いて谷川岳のロケハンと撮影を行った。

暦では初夏になった頃。私はその年三回目の谷川岳のロケハンを行っていた。

代理店のクリエイティブディレクター、演出家、カメラマン、私の四人でロケハンに来ていた。

今回も旅館にお世話になり、夜になると旅館の経営者である初老の男性が語る谷川岳の想い出話で酒を酌み交わした。

谷川岳の登山ルート作りに関わった初老の男性は、遭難者が出るたびに自責の念に苛まれるという。

だから遭難者が出ると危険と隣り合わせの捜索隊に手弁当で参加した。

あのクライミングロープで宙吊りになった遭難者の時も手を尽くしたという。

特に冬山での遭難は捜索隊に大変危険なリスクを与えている。

登山者が危険なルートで無謀な冬登山を行う意味を深く考えさせられた……。


旅館に宿泊しているのは我々だけだった。

宿泊客が我々しかいない深夜の旅館は怖いぐらいの静寂になる。

廊下の一番奥にある八畳の和室で四人は眠った。

私は夢を見た。

私の名前を呼ぶ声で目覚めた。目覚めたがこれは夢の中だと理解していた。

今夜泊まっている旅館の和室だった。

和室には私を除く残りの三人が眠っている。

再び私の名前を呼ぶ男の声が聞こえた。

廊下から私を呼んでいる。立ち上がり廊下に出る。

廊下には無表情な痩せこけた男が直立不動の姿勢で立っていた。

男の左側に彼を先頭にして沢山の人が一列に並んでいる。

薄暗く長い廊下の突き当たりまで列を作っていた。

性別や年齢はバラバラだ。しかし彼らには共通点がある。

モノクロ映画のように色が無いのだ。

そして列の後半になるほど顔や体の一部が崩れていた。

列の先頭にいる男が私の名前を呼んで頭を下げた。

二十代前半だろうか。

頬の肉は削げたように無く頭蓋骨に辛うじて皮だけが残っている。

生気を感じられないトロンとした目で私を見ていた。

耳あてがついた防寒用の帽子から黒い液が額に流れ出ている。

気味が悪かった。

「私は二〇〇三年〇月〇日に一ノ倉沢衝立岩から滑落死した〇〇です。よろしくお願いします」

男は私にそう言い終えるとお辞儀をした。

つられてお辞儀をする。私は頭を下げたので男の足元が見えた。

男の靴下だけに色が付いていた。

私は無意識に男の左側に並んでいる次の男の前に移動をした。

頭部の半分が陥没した小太りの男は、滑落死した年代と日付と死亡場所と名前を言いお辞儀をした。

私もお辞儀をして男の左にいる女性の前に移動をした。

自分の意思に関係なく、次々に左側にいる谷川岳で遭難死したと思われる人たちから、知りたくもない死亡した年代と日付と場所と名前を一方的に聞かされていた。

私はもう一つの彼らの共通点に気づいた。

彼らは皆一部だけに色が付いているのだ。帽子や手袋やズボンに……。

理由は分からないが、色が付いている部分が一箇所だけ必ずあった。

いつまで続くのか分からない、遭難者たちからの意味不明な自己紹介と挨拶に、不快感と恐怖がジリジリと湧いてきた。

私は力強い男性の声で名前を呼ばれた。

その声で悪夢から目覚めることが出来た。
カメラマンの坂田が私の名前を呼びながら覗き込んでいた。
「うなされていたぞ。それに何でこんな所で寝ているんだよ」
私は廊下で眠っていた。
薄暗く長い廊下には誰もいなかった。
身体から体温を奪われていてガタガタと震えた。
私はその後、一睡もできずに朝を迎えた。
体調は最悪だったが旅館で朝食をとりロケハンに向かった。
昨夜見た悪夢については誰にも話さなかった。

谷川岳の山道は車で入ることは禁止されている。
徒歩で数時間かけて一ノ倉沢に移動することになる。
しかし昼前に目的地に到着すると、一ノ倉沢の道路脇に数台の車が駐車されていた。
警察と地元の住民だ。
話を聞くと昨年の冬に遭難した男性が発見されたという。

警官があの辺りだと一ノ倉沢にある巨大な岸壁の下に積もった雪を指差した。

私には白い雪しか見えなかった。

滑落した男性は雪の中に頭から突き刺さったような状態だという。

しかし男性を回収できない。

積もった雪は圧縮されて固い氷になる。コンクリートのように固い氷の中にある男性を回収するのは大変な作業である。

また足元が崩れ滑落する恐れもある。

ある程度雪が溶けてからでないと回収に向かうのは危険だという。

そんな状態なのに私はどうやって発見できたのかを質問した。

滑落した男性は落下の衝撃で右足の靴が脱げたのだろう。

雪の中から辛うじて突き出していた靴下を履いた足首を見つけることができた。

黄色の蛍光色が目立ったので発見できたという。

私は昨晩夢の中で最初に挨拶をした男を思い出して恐怖した。

男が履いていた靴下は黄色の蛍光色だった。

男に唯一色がついていた靴下と同じ色だ。

滑落した遭難者の名前は確認できなかったが、あの男だと私は確信をした。

私は一ノ倉沢の岸壁に何百とある慰霊のプレートを背にしながら、得体の知れない恐怖を感じていた。

あの男だけが私に『よろしくお願いします』と言った。

数週間後にＣＭの撮影が始まり事故もなく無事に終了をした。

そして大人の事情で今回限りで谷川岳でのＣＭ撮影は終了と決まった。


あれから谷川岳に行くことはなく十数年が過ぎた。

渋谷区道玄坂にダイニングバー『はすとばら』があった。

クラブＤＪ兼実話怪談蒐集家の響洋平《ひびきようへい》氏が年に数回そこで怪談会を開催していた。

私もゲストとして何度も参加させてもらっている和気あいあいとした楽しい怪談会だ。

二〇一七年、『はすとばら』で怪談会が開催される前日の夜に夢を見た。

あの谷川岳の旅館で見たあの夢を再び見たのだ。

十数年間一度も見たことがないあの悪夢を……。

旅館の薄暗い長い廊下にモノクロの男を先頭に一列に並ぶモノクロの遭難者たち。

「私は二〇〇三年〇月〇日に一ノ倉沢衝立岩から滑落した〇〇です。よろしくお願いします」

男は私に頭を下げた。私もお辞儀をした。

モノクロの男は靴下だけが黄色の蛍光色だった。

息が詰まり飛び起きた。

私は翌日の怪談会で谷川岳での一連の出来事を語ることに決めた。


はすとばら怪談会の後半にはお客様にも参加してもらうコーナーがある。

どんな話でもいいので不思議や怖いと感じた体験や怪談を語ってもらうのだ。

今夜も興味深い体験談や怪談を多く聞くことができた。

私が前半で谷川岳での怪談を語り終わり、後半になった休憩中に彼女たちが来た。

二十代の二人の女性が、心霊スポットに行ってから怖い目に遭うので話を聞いて欲しいという。

旅行中に彼氏に車で連れて行かれたので場所はよく分からない。

無人駅の改札から長い長い階段を地下に降りたホームにあるトイレに幽霊が出ると彼

氏は言った。

話を聞いて、すぐに私はそこが土合駅だと分かった。

土合駅とは別名モグラ駅と呼ばれる東日本旅客鉄道上越線の駅である。

地下七十メートルにある新清水トンネル内にホームが作られ、改札口からホームまでは一直線に伸びる四六二段の階段を降りなくてはならない。

私もホームにあるトイレで幽霊を目撃したという怪異談を取材していた。

男子トイレの鏡に幽霊が映るという。

あまりにも目撃談が多いので鏡は外されている。

彼女たちはトイレを恐る恐る覗いてみたが怖い体験をすることなく帰宅できた。

だがその日の夜から、彼女たちは悪夢で夜中に目が覚めることが続いている。

二人とも怖い夢だとは覚えているのだが、具体的な内容は思い出せないという。

そして私が指摘するまで谷川岳に関係がある場所だと知らなかった。私が谷川岳の怪談を語った後に、谷川岳に関係が深い土合駅での怪談が聞けるとは……。

谷川岳と夢の共通点も興味深かった。

その年の夏に響洋平氏と『ＨＩＧＨ校ＣＡＭＰ２０１７』で怪談を語ることが急遽決まった。

『ＨＩＧＨ校ＣＡＭＰ』とは林間学校型音楽フェスティバルである。

群馬県利根郡みなかみ町で廃校になった小学校をリノベーションした『さる小』で開催されるのだ。

昨年も参加した響氏と運営スタッフが、真夜中の教室で怪談を話したら面白いのではないかと企画が決まったという。

私はそのフェスで開催される『廃校怪談丑ノ刻座談』にゲストとして参加することになった。

さる小は谷川岳の近くにある。奇妙な因縁を感じた。

二〇一八年と二〇一九年も『ＨＩＧＨ校ＣＡＭＰ』に参加はしたのだが、谷川岳一ノ倉沢には行けなかった。

今年こそは谷川岳一ノ倉沢に行きたい。

一ノ倉沢出合の岸壁に何百とある慰霊のプレートを背にしながら谷川岳を見た時、私の心の奥に黒い影を落とし続けている、黄色い蛍光色の靴下の男が伝えた『よろしくお願いします』の意味と謎が解ける予感があるからだ。
私はあの男との縁を断ち切りたいのだ。

壱夜

Ichiya

ネットでの怪談朗読のキャリアは10年以上。一昨年から実話怪談語りにも着手し、怪談最恐戦2019では準優勝と善戦した。東京・大阪・愛知・福岡・札幌で怪談イベントを主催。キャッチフレーズは「怪談アラビアンナイト」。

レゴのお山

既婚女性のケイさんが、三十年以上前に体験した話である。

当時、ケイさんはご主人、中学生の娘と幼稚園の息子、夫の両親の六人で暮らしていた。嫁姑問題なども無く、二階建ての持ち家には笑顔があふれていたという。

その年の初冬、義父が風邪をこじらせて肺炎を併発し、入院することになってしまった。年配者にとっての肺炎はかなり危険だ。義父の病状も思わしくなく、目に見えてやつれていく。

早くに両親を亡くし、義父のことを本当の父のように慕っていたケイさんは、心から回復を願いつつ、足が悪い義母の代わりに連日、病院へ様子を見に行っていた。

豪胆だった義父は、仲間と共に戦後の日本で自警団のようなことをしていた。敗戦の混乱で機能していなかった警察に代わって精力的に見回りをし、自分たちが住む地域の治安を守っていたのだ。

無法地帯のようだった当時の日本で『やられたらやり返す。むしろやられる前にやる』といった、穏やかではない生活をしていたという。

その後、復興が進む中、義父は建築関係の会社を設立し、己の頑張りで会社を大きくした。そんな人だった。

ある日のこと、子供部屋でひとり遊んでいた息子が、ケイさんのところに走り寄って「ママ、レゴが足りないの、買って！」と言う。

しかしながら、今は義父のことでそれどころではない。

ケイさんは「今度買ってあげるからね」と口約束ではぐらかそうとしたのだが、いつもは聞き分けの良い息子がしつこく駄々をこねる。

「ママ！　レゴが足りないの！　すぐに買って!!」

駄々をこねるというより、懇願してくるといったほうが正しいか。

根負けしたケイさんは、スーパーへの買い物ついでに近所の玩具屋で、レゴブロックと数体のレゴの人形を買ってきた。

「ありがとう‼」

心待ちにしていたらしい息子は、大急ぎで子供部屋へ戻っていく。一体何を作っているのか気になったケイさんも子供部屋へ向かった。そしてそれとなく息子が作っているものを見る。

そこには大きさが三十センチ程度の、段々と台形に積み上げられた造形物があった。息子がバラバラの色のレゴブロックで、必死で組み上げているのだ。

「何作ってるの？」

背後から息子に声をかける。

すると息子はひと言「お山」と言った。それきり没頭し、最終的にはピラミッド状になった「お山」が完成すると、息子は晩御飯も食べずに寝てしまった。

その翌日、ケイさんが義父のいる病院に行くとき、息子が「一緒に行く」と言い出した。レゴの造形物を持って行くという。

「じいちゃんに見せたい！」と既にカバンを肩に掛け、レゴの「お山」を両手に抱えている。

ここでゴネられても面倒だと思ったケイさんは、息子を車に乗せると、義父が入院する病院へと向かった。

義父の容態は一向に良くならず、数本の管が体についている状態となっている。ほとんど目を覚ますこともないので、しばらく会話もしていない。

病室に入ると、息子は義父の寝ているベッドに走り寄り、義父の腹部の辺りに「お山」を置いた。そして肩掛けカバンから、バラバラと何かを出す。

それはレゴの人形だった。その人形を何体も「お山」のあちこちに配置していく。

その光景をケイさんが唖然と見ていると、今度は書道をたしなむ義父が使っていた墨汁をいつの間に持ってきていたのか取り出し、「お山」に向かってまんべんなくかけだした。

そして、

「おじいちゃん良かったね、これで迷わないね、はい地獄〜〜〜!!　あはははははははは」

息子は義父が寝ているベッドをバシバシと叩きながら狂ったように笑い、次の瞬間、紐の切れた操り人形のように、その場にぐらんと倒れ込んだ。

そこでようやくハッとなったケイさんは、息子に駆け寄った。

何事が起きたのかと抱き寄せると、気絶したのとも違い、ただただ眠っているようだ。

もしかしたら息子にも精神的な負担がかかっていたのかもしれない。そんなことを考えながらケイさんは看護師に平謝りをし、墨汁まみれになったシーツを持ち帰った。


その数時間後、病院から連絡が入った。「容態が急変した」と。

すぐにご主人にも連絡し、眠ったままの息子を含め家族の皆で病院に向かったのだが、結局義父の死に目には立ち会えなかった。

葬式も終わってしばらくしたある日、ケイさんは「お山」のことをそれとなく息子に聞いてみた。しかし息子はその一連のことを、まったく覚えていなかった。

義父は地獄に落ちるほどのことをしていたのか。それとも誰かに強く望まれたのか。

ケイさんは未だに考えることがあるという。

しかしそれは、今となっては誰にもわからない。

カウントダウン

三十代男性のユウさんは母子家庭で育った。

小学三年生までは父親も一緒に暮らしていたのだが、父は素行が悪く、ろくに働きもせずに競馬競輪競艇パチンコ、ギャンブルなら何でもやった。

そのくせ、博才はまったく無く、負けるとしこたま酒を呑み家で暴れた。手あたり次第、物にあたり散らし、家族にも暴力を振るう。

そんな父に、母が「本当にもう無理です、別れて下さい」と涙ながらに訴えた。

すると「あぁ、お前の方から別れたいって言ってんだから、お前が慰謝料を払うんだからな?」と、その日も酒が入って目が据わった父は言い、家から出ていった。

そして父は、定期的に金をむしり取りに来るようになった。

酔っ払って土足で家に上がり込み、ユウさんには一瞥もすることなく、母から金だけ受け取って帰っていく。

これは月に一度のことではない。金が必要になったら何度でも来る。だからユウさんの家は常に極貧状態だったという。

当時ユウさんは、少年野球チームに入っていた。

本来ならばそんな余裕は無いのだが、家の事情を知る監督のはからいで、会費無しの上、グローブやバット、ユニフォーム、スパイクなど、すべてお下がりをもらい、日々の練習に励んでいた。

母はいつも夜な夜なユウさんに謝っていたという。

「ユウ、ごめんね、ほんとごめんね」

しかしこれは母のせいではない。大好きな母を悲しませ、謝らせているのは父。

アイツのせい、アイツがいなければ。

ユウさんは父のことが大嫌いだった。

父がいなくなったらどんなに幸せか。消えて欲しかった、死んで欲しかった。

心からそう願った。

小学四年生になったユウさんは、ある日おかしな夢を見た。

四方がコンクリートのような無機質な壁の灰色の部屋に、イスがひとつだけ置いてある。室内は薄暗い。

そのイスに全裸で口元を塞がれた状態の父が縛り付けられて座っており、目を大きく見開き、

「おー！　おー！　おー！　おー！」

と叫んでいる。ユウさんのことを必死の形相で見ながら、

「おー！　おー！　おー！　おー！」

と、叫んでいるのだ。

自分はというと、野球のユニフォームを着て、手に金属バットを持っている。

ユウさんはズカズカと歩いて行くと、目玉が零れそうなほど見開いた父の目の前で金属バットを振り被り、側頭部に向かい思い切り振り抜いた。

カキン！

金属バット特有の音が響き、叫んでいた父の頭がぐりんと反転したところで――目が

覚めた。

もう朝になっており、全身汗だくだった。じっとりとした脂汗《あぶらあせ》が気持ち悪い。

更に手にはしっかりと、金属バットで父の頭を振り抜いた、ジンジンするような感触が残っている。

「とんでもない夢を見た」

もしかするとこれは予知夢のようなもので、父がどうにかなる予兆なのではないか。

そんなことをユウさんは密かに期待したが、父は数日後、いつものだらしない格好で家に現れ、それからも定期的に家に金をせびりに来た。


十六歳になったユウさんは、特待生になれるような学力も運動能力も持ち合わせていなかったので、中学までの義務教育が終わると進学せず、すぐに工場で働き始めた。

そして給料の大部分を母に渡したが、その金もほとんど父が持っていく。

「母さん、もう、何とかしたほうが良いんじゃない？　どっかに相談するとか」

ユウさんは母にそう進言したが、

「そんなことしてもね、お父さんには関係ないのよ」

母はむしられることに慣れすぎたのか、灰色の笑顔を浮かべると「これでいいの」とつぶやいた。

父が金を無心に来る生活が変わらないまま、二十歳になったユウさんは十年ぶりにまたあの夢を見た。

四方がコンクリートのような無機質な壁の灰色の薄暗い部屋に、口を塞がれた状態で全裸の父がイスに縛り付けられて座っている、あの夢。

そして現在と同じ十年分の歳を取った姿で、父はまた何かを叫んでいる。

「よー！　よー！　よー！　よー！」

自分は子供の頃の姿のままで、あの時と同じ野球のユニフォームを着て、金属バットを持っていた。

叫んでいる父に近づいていき、また全力で父の側頭部を金属バットでぶん殴り、父の頭がぐりんとなったところで目が覚める。今回も脂汗をびっしょりとかいていた。

ユウさんは、父が叫んでいた言葉がとても気になった。一体何と言っていたのか。

しかし確証を持てるような答えには辿り着けなかった。

その夢を見た日以降、父はまったく家に訪ねて来なくなった。

一ヶ月経っても現れない。

そんなある日、父の暮らしているアパートの大家から連絡が入った。

父が亡くなったと。そのアパートの家賃も母が支払っていたので連絡がきたのだ。

聞くところによれば、近隣の住民から変なニオイがすると連絡があり、大家がスペアキーで開けてみると、ぶわっと大量のハエが出てきた。そこで驚いてすぐに警察を呼んだという。

検死の結果、死後一ヶ月が経過しており、布団に入った状態で亡くなっていたとのことで、特に事件性もなく死因は心不全ということだった。

ユウさんは心から喜んだ。

「憎かったアイツが死んだ。やっと死んでくれた」

あの夢はやはり予兆のようなものだったのだろうか。夢を見た小学生の時は何も無かったが、やはり関係があったのか？

そんなことを思ったが、父から金をむしられることが無くなった今、ユウさんは母と二人、はじめて楽しく生活できるようになった。

こうなってくると気持ちにも余裕が出てくる。

同じ職場に彼女もでき、数年してその女性と結婚すると、ユウさんは奥さんと母と三人で暮らすようになった。日々の幸せを噛み締め、生きていることに感謝した。


そして三十歳になったある日のこと、ユウさんはまたあの夢を見た。

四方がコンクリートのような無機質な壁の灰色の薄暗い部屋に、イスがひとつだけあるあの夢。しかし今回は少し様子が違っていた。

そのイスに座っていたのはユウさん自身だったのだ。裸の状態で、三十歳の自分がイスに縛り付けられている。

部屋の端には野球のユニフォームを着て金属バットを持った子供の自分がいて、はっきり聞こえる大きな声で何かを叫んでいる。

「さーん！　さーん！　さーん！　さーん！」

そう言いながら近づいてくると、目の前で振り被った金属バットで、思いきり側頭部をぶん殴られた。

あっ！　と思って自分の頭がぐりんとなったところで――目が覚めた。

嫌な汗をかいて目が覚めたユウさんは、ふと、夢の意味を理解した。

最初の夢で、父が最初に叫んでいたのは「五」、その次に見た夢で叫んでいたのは「四」だったのではないか？

そして「よん」は「し」とも言う。だから父は死んだのではないか。

漠然とそう思った。

さらに考えた。この夢は十年ごとに見ている。

あと三回、「にー」「いち」「ぜろ」まで見てしまったら、自分は「ぜろ」になってしまう。要するに「れい」になったところで霊になる、すなわち死ぬのではなかろうかと。

あぁ。父親の死を強く思い願ったので、呪いのようなものをかけられたのかもしれない。でもそんなことってあるのだろうか。あったとしてもあと三十年ある。

ユウさんは陰鬱な気持ちになったが、そう気を取り直した。

しかし、その数日後。またあの夢を見た。

四方がコンクリートのような無機質な壁の灰色の薄暗い部屋に、全裸の自分がイスに縛り付けられて座っている。

そして、傍らに立つ野球のユニフォームを着た子供の自分――。

「にーっ！　にーっ！　にーっ！　にーっ！」

そう言いながら近づいてくる。

そして自分の頭をバットでぶん殴る瞬間、

「にーっ！　にーっ！　にーっ！　いちっ！」

自分の首がぐりんとなって――目が覚めた。


あの夢は十年に一度、見るのではなかったのか？

しかもカウントは次で「ぜろ」になるのではないか？

自分の死が目前に迫っている。そう考えるようになってから、ユウさんは寝るのが怖くて仕方がない。

見覚えのない顔

これは筆者を含め三世代同居していた父方の祖母の、六七日《むなのか》法要の時に体験した話。

我が家に僧侶を呼び、家族の皆で正座をして読経を聞いていた。

私にとっての祖母との一番の思い出は、足が悪い祖母の手を引き、墓参りをよくしていたことだ。

祖母は私に向かって、

「あんたが手を引いてくれていたら安心だ。それに手があたたかくて気持ちがいい」

そう言って笑っていた。

当時のことを思い出しながら手を合わせていると、生前祖母が愛用していた三面鏡が気になりそちらに視線を移した。すると、開いたままの鏡に白く輝く人間の顔があった。

一瞬のことだったが、鏡の中に太陽のような丸い光輪があり、輪郭のない目や鼻や口が見え、確かに人が笑っているようだった。三十代くらいのふくよかで優しげな表情の女性のように思える。

私はその女性の顔に見覚えがなかった。

だから我が家のご先祖か、六七日の読経に誘われた霊だったのだろうと思い、怖さはまったく感じなかった。


その数日後、それが誰だったのかが判明した。

祖母だったのだ。

整理をしていた祖母の遺品の中に写真があった。そこには教員をしていた頃の若き日の祖母が写っており、笑顔で黒板を指差している。

その表情が、先日の六七日法要の時に、鏡の中に見えた顔とまったく同じ。

祖母の若い頃の顔には馴染みがなかったため、見知らぬ人と判断してしまった。

祖母の最期は、家族には少し後悔が残っていた。

入退院を繰り返しているうちに食べ物を飲み込む力が無くなり、点滴での栄養補給をするのみとなった。そして高齢だったせいもあり、あっという間に衰弱して亡くなってしまったのだ。

グルメだった祖母にとって、食事を楽しめずに最期を迎えたのは残念なことだったのではないか。そう考えて私は悲しんでいたのだが、あの安らかな顔から察するに、思い残すことなどなく、一番幸せで快活だった頃に戻り、私たち家族のことを見守ってくれているのだろう。この体験で、そのように前向きな気持ちになることができた。

もしこの文庫を生前の祖母に見せることができたとしたら、私に何と声をかけてくれただろうか。

滲み出る

これは五十代のサトシさんが、学生時代に体験した話である。

当時サトシさんは都内の大学に進学し、古いアパートで一人暮らしをしていた。

風呂なしでトイレは共同、現在では珍しい形式のアパートであるが、当時はあちこちに点在していた。

おまけに雨漏りもひどく、隣との壁も薄い。ちょっとした笑い声でも筒抜けだ。

それでも住んでいるのはほとんどが貧乏学生だったので、皆お互い様と思って我慢するようにしていた。

そんなある日、隣に大家の知り合いという中年夫婦が越してきた。

陰気な感じの夫婦で、引っ越しの挨拶もない。こちらから声をかけても明らかな無視をされた。

どうやらこの夫婦、新興宗教に入信しているようで、昼こそ静かなのだが夜の十時になると「お勤め」が始まる。

ガチャガチャと瓶か茶碗を叩くような音とともに、何と言っているのかはわからないが、読経をするような大声が聞こえてくる。

しかし大家の知り合いであるから下手に文句もつけられず、お勤めも毎日のことではないので、サトシさんは我慢していた。

明日のテストのために、一夜漬けで机に向かっていた夜、十時を過ぎた頃に、隣でお勤めが始まった。

しかもいつもなら二時間程度で終わる読経が、その日は夜中の二時を越えてもやめようとしない。それどころか夫婦の掛け合いで、声はどんどんと大きくなっていく。

まったく勉強に集中できない。

流石《さすが》に堪忍袋の緒が切れたサトシさんは「うるせぇ!!」と一声怒鳴って、夫婦の部屋側の壁を思い切り蹴り飛ばした。

すると一度はおさまった読経だったが、またすぐに再開される。頭にきていたサトシさんは、読経に対抗するべく、壁に向かってラジカセを大音量でかけた。

そんな中で勉強を続けるのだが、もちろん内容が頭に入ってくるはずもなく、結局明け方まで続いた読経のせいで、テストは散々なものだった。

そもそもが一夜漬けをしようとした自分のことは棚に上げ、サトシさんはバイトの給料が入ったばかりということもあり、憂さ晴らしに友人数人と居酒屋でしこたま呑んで帰った。

深夜十二時頃、千鳥足でアパートに戻り何の気なしに隣の夫婦の部屋の窓を見ると、電気が消えている。

あの夫婦も明け方まで長くお勤めをしたから、疲れて早寝したのだろうか。などと考えながら自分の部屋に入り、万年床に横になると眠ってしまった。


小一時間ほどした頃だろうか、喉の渇きを感じたサトシさんは目を覚ました。起き上がって水を飲もうと思ったが、体がコンクリートで固められたように身動きが取れない。

完全な金縛り状態のうえ、目前に板がある。数秒間理解ができずに呆然としてしまったが、それが天井板であることに気がついた。

（浮いている？）

手を伸ばせば届きそうなところに薄汚れた天井板があるのだが、完全な金縛り状態で、自分がどんな状態なのかを確認することもできない。

すると次の瞬間、目前の天井板から中年の女性の顔が滲《にじ》み出てきた。

女性の顔は立体的で、全く見覚えのないものだった。無表情でサトシさんの顔をじっと見つめてくる。

目を閉じることができないサトシさんが、声も出せずに恐れ慄《おのの》いていると、その女性はいかにも憎々しげに口を開いた。

「しいぃぃぃねえぇぇぇぇ！」

そう言うと、じわりと板の奥へと消えていく。

なんなんだ？　そう思う間もなく、次から次へと天井板から、別の老いた男性や女性の顔が滲み出てくる。

「地獄へ落ちろ」「おまえは生きている価値などない」「死になさいよ」

様々な恨み言を、サトシさんへ吐き捨てるように言っては板の奥へと消えていく。それが永遠とも思える長い時間、繰り返された。

（なんで俺がこんな目に……許して下さい許して下さい許して下さい！）

そう心で念じていると、不意に床に叩き落とされた。

天井近くから落下したのだから、三メートル程の高さがある。全身を激しく打ったサトシさんは、そこで意識を失った。


翌朝目を覚ますと、腰やら踵《かかと》やらが痛い。それが昨晩の現象が夢ではないことを物語っていた。

天井から人の顔が滲み出てきたのだからと、痛む体をかばいつつ、サトシさんは押入れの天袋を開け、天井裏を覗いてみることにした。

すると夫婦の住む部屋のほうから、倒れたドミノが折り重なるように、自室までガラス面を下にした縦三十センチ程の額縁が続いている。

（なんだこれ？）

と思い、そのうちの一番手前の額縁に手を伸ばし、ガラス面を見た。

そこでサトシさんは言葉を失ってしまった。その額縁は遺影だったのだ。

そして最初に天井板から滲み出て、「死ね」と言った中年女性の顔だったという。

これはきっと呪術的なことを、あの夫婦に仕掛けられたに違いない。

そう思ったサトシさんは、すぐにその額縁を戻すと大家に連絡を取り、部屋の解約の手続きをした。

とても他の額縁の確認など、できなかったそうである。

部屋がおかしい

知り合いの占い師のハルキさんは行きつけのバーで、とあるお客さんに相談をされた。

「部屋がね、おかしいんですよ」

そう言うタカシさんは、四十代の男性で映像関係の仕事をしている。


深酒をして帰ったある日のこと。一人暮らしのマンションに戻り、自宅の鍵を開けてドアノブに手をかけた瞬間、タカシさんは胸騒ぎを感じたという。

どういうわけかはわからない。何故かこのドアを開けてはいけない気がした。

しかしそこは自分の部屋である。わざわざ自宅の前まで来て、帰らないという選択肢はない。タカシさんは恐る恐るドアを開けた。

すると玄関から居間へと続く廊下が、もくもくとした白煙で充満している。

その光景を呆然と見ていると、煙は部屋の奥に一瞬で吸い込まれていき、見えなくなった。我に返ったタカシさんは「火事だ！」と思い、慌てて廊下を走り居間に入ったのだが、何の異常もない。

その時は酔い過ぎて何か見間違えたのだろうと自分を納得させ、そのことはすぐに忘れてしまった。

しばらく経ったある日、タカシさんはまた深酒をして帰ってきた。自宅の鍵を開けドアノブに手をかけた瞬間、また同じ感覚に襲われた。

激しい胸騒ぎがする。ドアを開けてはいけない。しかし開けないわけにもいかないので、意を決して勢いよくドアを開けた。

すると、居間に続く廊下はまたしても白煙で満たされている。呆然と見ていると、煙は居間へと吸い込まれていく。と同時に、今回は自分も一緒に吸い込まれるような感覚に陥った。そして次の瞬間、タカシさんは見知らぬ部屋の中にいた。

四畳半ほどの和室に、小さなブラウン管のテレビとちゃぶ台、そこら中に女性ものの洋服が脱ぎ散らかされている。敷かれたままの布団の傍らにはベビーベッドがある。部屋の中にはタカシさん一人しかいないようだ。

呆気にとられて何度か瞬《まばた》きをしていると、自分の部屋に戻ってくることができた。

「これ、どういうことなんでしょう」

バーのカウンターで、タカシさんは話し終わるとそう聞いてきた。

今まで聞いたことがない類の話だったので、ハルキさんは答えに困ってしまった。

「まだ続きがあるかもしれませんから、もし何かあったらご連絡下さいね」

名刺を渡すと、その時はそこで話が終わった。


その数日後、タカシさんから連絡がきた。またあの部屋を見たと。

「ちょっと電話では言いにくい話なので、お会いできないでしょうか」

そう言われ、二人は先日と同じバーで落ち合った。タカシさんは挨拶もそこそこに、神妙な面持ちで語りだした。


どうしてもあの見知らぬ部屋が気になるタカシさんは、その日わざと深酒をして帰宅した。鍵を開けてドアノブに手をかけると、今回も激しい胸騒ぎがした。

開けてはいけない、次こそ大変なことになる気がする。

しかし開けずにはいられない。好奇心が勝ってドアを開けた。

居間に続く廊下はやはり白煙に満たされており、またも煙は居間の奥に吸い込まれると同時にタカシさんも一緒に吸い込まれる。そして目を開けると、タカシさんはあの古臭い和室に立っていた。


部屋の中に誰かがいる。タカシさんに背を向けて、ちゃぶ台の前に髪がボサボサの女が座っている。

ベビーベッドには赤ん坊がおり激しく泣き続けているのだが、その女はぼーっとしたまま、まったく動こうとしない。

そんな光景を眺めていると、女性がすっと立ち上がり、赤ん坊の方に近づいていく。

女の手にはビニール袋が握られている。ベビーベッドのそばに来た女は、赤ん坊を暫く見ていたが、その袋をおもむろに頭にかぶせると首の部分で軽く二回ほど縛った。

赤ん坊は余計に泣くが、女性はその様子を黙って見ている。赤ん坊の声は次第に弱々しくなり、終いには聞こえなくなった。

ここで振り向いた女性の顔は、若い頃のタカシさんの母親のものだった。

タカシさんの母親は若い頃に一度離婚しており、タカシさんは再婚後に生まれた子供なのだという。

今まで母親は、最初の結婚のことを全く話してくれなかった。

もしこれが過去の映像だとすると――ただ事ではない。

「だから私、一度郷里に帰って母と話してきます」

タカシさんはハルキさんにそう言うと、早々にバーを出て行った。


ここからはハルキさんが人づてに聞いた話なので、確かな情報ではない。

タカシさんが無理に休みを取って帰郷したその夜、タカシさんの母親が自殺した。

タカシさんは母親の葬式の後そのまま戻ってくることはなく、仕事も辞めてしまった。

ハルキさんから何度も電話やメールをしているのだが、タカシさんからの返信は一度もない。

共にある

六十代男性のススムさんは、子供を殺したことがあるという。

高校を卒業して就職したススムさんは営業職となったのだが、その会社の先輩がとんでもなく嫌味な人で、事あるごとにネチネチといびられた。

「お前は本当に使えない」というのが口癖で、日々そんなことを言われて自尊心を失っていた。

ある日の外回りの途中、児童公園を見つけたススムさんは缶コーヒーを買い、その公園のベンチで休憩を取ることにした。

(会社に戻ればまたいびられるんだろうな)

ため息をつきながら黄昏《たそが》れていると、小学校低学年ぐらいの幼い少年が、サッカーボールサイズのゴムボールを持って一人で公園に入ってきた。そして公園内のトイレの壁に向かって、ボール投げをして遊びだした。

その姿をぼーっと眺めていたススムさんだが、そのどうということのない光景すら、心に余裕が無くなっていた彼にとっては気持ちを逆なでするもので、ボールがバウンドする際の〈テイン、テイン〉という音にイライラがマックスになった。

もう我慢の限界だ。公園を出ようかと考えていると、少年が取りそこねたボールがススムさんの足元に転がってきた。

ススムさんはボールを手に取り、少年に向かって叩きつけるように投げ返すと、

「この公園はな！　ボール遊び禁止の公園なんだぞ！」

口から出まかせで、脅すように怒鳴《どな》りつけた。

すると少年はビクリと肩を震わせると、ボールを拾って慌てたように走って公園から出て行った。

子供に辛くあたってしまった。気分が晴れるどころか余計にモヤモヤしてしまった。

ススムさんも別の出口から出て行こうとすると、背後で激しいブレーキ音と、何かをヤスリで擦るような音が聞こえた。

次いで「ぼく大丈夫⁉」「救急車呼んで！」などの焦った声が聞こえる。

もしかしてあの少年が？　ススムさんは恐ろしくなった。

自分が脅したせいで、このような事態を招いてしまったのか？

間接的なこととはいえ、自分は申し出るべきだろうか？

いやしかし、ここで面倒を起こすとまた先輩にいびられる。もしかしたら会社もクビになるかもしれない。

ススムさんは気づかないふりをして、そのまま別の出口から公園を出て最寄り駅へと歩を進める。

そのうち救急車の音も聞こえたが、一度も振り返らずに改札を通って帰社した。

その後、先輩にいつものように嫌味を言われたが、そんなことはまったく気にならない。それより、時が経てば経つほど、あの少年がどうなったのか気になってくる。

翌朝、テレビのニュースでその少年が亡くなったことを知った。

それからススムさんは良心の呵責に苦しんだ。

ふとした時に、あの少年の怯えた表情が頭に浮かんで仕事にならず、結局会社も辞めてしまった。

実家に戻って病院でもらった安定剤を服用し、二年ほど引きこもる生活を続ける。そうしていると、少しずつ当時の記憶が薄らいでいくのを感じた。軽薄な自分を恥じたススムさんは、亡くなった少年の分も精一杯生きようと決意した。

再就職したススムさんは懸命に働いた。すると周りからも評価され、当時の自分は頑張りや気遣いが足りない面もあったかもしれないと思うようになった。

やがて三十路を過ぎた頃、上司からの薦めもあり、お見合い結婚をすることとなる。

しかし、あの日の少年のことを考えると、盛大に結婚式や披露宴をする気にはなれず、相手の女性には悪いとは思いつつ郷里の神社で神前式のみおこなった。

奥さんとの生活は幸せなものだったが、子供は授からなかった。病院でお互いの検査をしたり不妊治療も行ったが、結局は授からなかった。

その後も遮二無二働き、気づけばもう六十代、定年の歳を迎えていた。

ある日、ススムさんは式をあげた神社を訪れる機会があり、一人で参拝をした。

お参りを終え正門から出ようとした時、一人の宮司に声をかけられる。しわの深さから見るに、七十代後半から八十代であろうか。

「こちらでお式をあげられたことはございませんか？」と問われ「はい。かれこれ三十年ほど前になりますが、確かに」と答えた。

「やはりそうでしたか。お時間がおありでしたら、社務所の方に寄っていただけませんか？」

そう宮司は続ける。何か理由があるのだろうと思い、ススムさんは宮司と社務所に向かった。

ソファに座るように促され、宮司からお茶をいただく。そして宮司は粛々《しゅくしゅく》と語り始めた。この宮司はススムさんの神前式を担当したのだという。そして、その時に気になるものを見たのだと――。

それは、右半身のところどころが欠けた、無表情で血まみれの小さな少年の姿――頭も右側が陥没していた。そんな悲惨な姿の少年が、式の打ち合わせの段階からずっとススムさんの後ろをついて回っていたという。

通常、不浄な存在は、神域である神社には立ち入ることができない。しかしこの少年は深くススムさんと関わっているのだろう、だから行動を共にできているのでは。

そう宮司は考えた。

式の最中もずっと、ススムさんの背後に無表情で立っていた。式が終わってから話そうかとも考えたが、めでたい席が壊れてもいけない。そう思って結局、言えずじまいとなってしまった。

(あの少年はずっと私に憑いていたのか)

ススムさんはそう思い、改めて「その子は今も私に憑いているのでしょうか」と宮司に問う。

すると宮司は、

「そうですね、あなたの背後に佇んでおります。しかし表情も穏やかになり、存在も大分薄くなっておりますので成仏は近そうです。この子はもう祓わずとも自ら成仏するはずです。自分で上がるほうが良いですから」

それを聞いたススムさんは宮司に礼を言い、神社を後にした。

(少年には本当に悪いことをした。しかしもうじき成仏するのか)

そう思うと少しだけ気持ちが楽になった。

それから一ヶ月ほど経った頃、ススムさんは背中と腰にかけておかしな張りを感じ、病院で検査を行うと、ステージ4の膵臓がんが発見された。進行が速くすでに腹膜や小腸にも転移しており、手術ができない状態だと宣告された。
（ようやく私を連れて逝ける。それで少年は穏やかな表情になっていたのだろう）
ススムさんは思い至った。
そして自らも少年と一緒にあの世に行くことを強く望んでいる。

廃屋のテレビ

筆者の十代後半ごろからの友人、コウジから聞いた話。

当時小学校高学年だったコウジは、同級生と昨晩テレビで見た心霊特番の話で盛り上がっていた。

芸人が樹海に行ったりアイドルの卵が廃墟の病院に行ったりするその番組を、あれはガチだヤラセだと語り合う。

「あんなもん全然怖くなかった」

そう強がるコウジに友達の一人が、

「そういえば、M公園の近くに誰も住んでない家があったよな」

と言い出した。

「みんなでそこで肝試しをしようぜ」

その公園の近くにトタン屋根の廃屋があったのだ。つい今しがた虚勢を張ってしまった手前、断るわけには行かない。男の子とはそういうものである。

肝試しと言っても所詮は小学生、夜中ではなく学校が終わったらすぐに行こうという話にまとまった。

参加するのはコウジを含めた仲良しメンバー四人。コウジもランドセルを家に置いて、すぐに自転車でM公園に向かう。

公園に到着すると、そこにいたのは二人だけだった。一人は直前になって留守番を頼まれて行けなくなったと連絡が来たという。

「なんだよアイツびびったんかな」などと言いながら、三人で廃屋に向かう。

その言葉に頷いていたコウジだったが、個人的には一人減ったことで心細くなっていた。

それでも三人で入るなら大丈夫だろうと思っていたのだが、友達の一人が、

「じゃあ誰から入る?」

そう言ってきた。

（えっ、みんなで入るんじゃないの？）とコウジは焦った。

思いかえしてみると、前日の心霊特番でも病院の廃墟には一人ずつで入っていた。

（なるほど、あれと同じ感じで入るのか）

その時に映った黒い影のようなモヤのことを思い出し、コウジは完全に怖気《おじけ》づいていた。

三人はじゃんけんで順番を決めることにし、幸運にも一人勝ちしたコウジはトリをつとめることになった。

一人目、二人目と順番に入って、五分程度で戻ってくる。まだ夕方四時頃で、外は明るい。廃墟なので危険はあれど、恐怖感はそれ程でもない。

先に入って戻って来た二人とも「全然なんでもなかったな」と言ってケロッとしている。

それを聞いたコウジも多少気持ちが楽になりつつ、廃屋の中に足を踏み入れた。

玄関から真っ直ぐ廊下を進むと突き当たりがリビングとなっており、左手に台所、右手にはトイレと風呂場があるようだ。

中はゴミが散乱しており、足の踏み場を選びながら奥まで進んでいく。

荒れに荒れてはいるが、生活していた当時のものがそのまま残されており、かつてここで家族の営みが行われていたことを想像させる。

家中を急いで回り、さあ戻ろうかと踵《きびす》を返したところで、
ヴゥーン！

と背後で音がした。

どういうことかと振り返ると、居間にあった古びたブラウン管のテレビがついている。

そしてそのテレビの画面には、男の顔がいっぱいに映し出されていた。

男は口をガバッと大きく開けて叫んでいるように見える。

映像は流れ続けるが、声はまったく聞こえない。

数秒、その光景を呆然と眺めたが、コウジは我に返ると、廊下のゴミを蹴散らしながら出口から躍り出た。待っていた友人二人に「テレビ映った！」と、大声でそう言った。

まずはその大声にビクリとした二人だったが、更にコウジの只事ではない表情を見て、それが悪ふざけなどではないと悟った。

「えっ、それマジ？」

戻ってみようと声を上げる二人。

もちろんそんなことはゴメンだったコウジだが、三人でならとしぶしぶ承諾した。

そして恐る恐る全員で廃墟に入り、居間に向かった。テレビはそこにあるが、もちろんついてなどいない。コンセントが外れているのが見えるし、なにより画面も割れている。そもそもこの廃屋に電気が供給されているはずがないのだ。

それでも狼狽するコウジを見て、三人は急いで外に飛び出した。

まだ辺りが明るいこともあり、しばらくすると落ち着いてきた三人は、

「まあこういうこともあるんだな」

と言い合い、心霊特番で清めの塩を振っていたことを思い出し、近くの駄菓子屋で塩気の多い菓子を買い、完食してから解散した。

「今日は怖かったな！」

そう言いながら笑顔で去っていった友人たちだったが、コウジとしては胸につかえる思いがあった。あの口を開けて叫ぶ男性の顔に、見覚えがあったのだ。

それは、自分の父だった。

しかしながら、あのように大口を開けて叫んでいる父など見たことがないので自信がない。しかし、確かに似ていた。

もしかしたら父に良くないことが起こるのではないか。

そのように思いながらも、コウジは誰にも相談ができなかった。

そのまま数日が過ぎ、数週間が過ぎ、数ヶ月が過ぎ、数年が過ぎ——今でもコウジの父は健在である。

そしてごく最近、コウジは別のことを考えるようになった。

あの大口を開けて叫んでいた男は、もしかしたら成長した自分なのではないか、と。

霊を呼ぶ音

友人であるコウジは自動車整備関係の仕事をしており、今でもたまに呑みに行ったりする。夏の盛り、久しぶりに携帯電話に連絡があり、地元の飲み屋で合流した。

コウジには奥さんと息子がいる。奥さんへの不満や愚痴を聞き（やはり独り身のほうが気楽だな）などと考えていると、

「あぁそうだ！　俺さ、この前とんでもねぇ体験した」

コウジが突然言い出した。

身を乗り出す私に、コウジはこんな話をしてくれた。

夏前の少し暑かったある日のこと、コウジは心霊スポットとして有名なＨ滝に肝試しに行ったという。

H滝は昼間はパワースポットとして有名なのだが、夜になると滝壺への投身自殺が後を絶たない自殺スポットへと姿を変える。

施設内には地蔵と数基の墓石が併設されているので肝試しにはもってこいで、一番ヤバいと言われているのは、駐車場のすぐ近くにある男女兼用のトイレである。

そのトイレは、過去にサラリーマンがガソリンを被って焼身自殺をして全焼している。そして新しく作り直すと、今度はイジメを苦にした高校生が首吊り自殺をしたというい わくつきの場所であり「そのトイレの前で写真を撮ると変なモノが写る」と言われている。

仕事が終わったコウジは同僚三人と連れ立って、二十時頃に自慢の愛車でH滝へ向かった。

行きは雰囲気を高めるため、用意していた怪談のＣＤを流しながらその滝を目指す。

H滝は山中にあるので坂道をどんどん上がっていく。

バスターミナルを右折してからは急勾配となるのだが、走り屋仕様のコウジの愛車は激しいエンジン音を響かせながら難なく上がっていき、H滝に到着した彼らは滝壺や地蔵、墓石を見て回った。

成人男性四人でワイワイ散策していたので、怖さなどは全くなかったという。

さらに、コウジは同僚にサプライズを用意していた。

ある時ネットサーフィンをしていると「霊を呼ぶ音」なる記事を発見し、興味を持ったコウジはその記事を読んだ。そこには、ある曲を心霊スポットで流すと霊が寄ってくるとある。

これは面白いと思ったコウジは、某動画投稿サイトでその記事にあった民族的な独特の歌い方の音源を見つけ、更にそれを長く唸るような音源に加工して携帯電話に入れておいた。

「おい、お前ら知ってるか？　霊を呼ぶ音ってやつ。それ、俺のスマホに入れてきたから さ、今から流すわ」

コウジは携帯電話を掲げると、いわくつきのトイレの前で長く唸る音源を大音量で流し、それから写真を数枚撮った。

その場ですぐ確認してみたのだが、残念ながら何もおかしなものは写っていない。

「なんだよ、全然駄目じゃん」

そう言って車に戻ろうとしたところで携帯電話に着信が入った。一瞬ビクついたコウジはおどけつつ電話に出る。相手はコウジの奥さんだ。

「あんた、何時ごろに帰ってくるの？　てか今どこ？」

「あぁ、今会社のやつらとＨ滝に来てんのよ。あれ？　今日行くって言ってなかった？」

そんなことを話していると、通話に紛れるように妙な音が聞こえる。

ホワイトノイズのような、テレビの砂嵐のような雑音。

それを気にしつつ奥さんと会話していると、その音は少しずつ大きくなり、コウジは強張《こわば》った。

そのノイズは今さっき流した、長く唸る「霊を呼ぶ音」なる音源だった。

音はどんどん大きくなり、もう奥さんの声は聞こえない。

突然、ブツリと携帯電話の電源が落ち、もう一切反応しなくなってしまった。

コウジは青ざめて沈黙したが、同僚たちは通話を聞いていないので、携帯電話のバッテリーが切れたぐらいにしか思っていないようだった。

「おい、みんな、もう行くぞ」

コウジは焦りつつ早足で車まで戻ると、すぐにエンジンをかけて走り出した。

車内には往路でかけていた怪談話のＣＤの続きが流れている。

同僚たちは呑気《のんき》に「いやぁなんにも無かったっすね」などと談笑しているが、コウジは一人、気が気ではない。しかし今言葉に出してしまうと怖いので黙っていた。

とにかく早く人通りの多い場所に出たい、その一心で車を走らせる。

するとここで車内に流れていたＣＤの続きの怪談が終わり、次の話に移った。

きゅるきゅるきゅるきゅる――

突然、ＣＤの頭出しをした時の音がして、先ほどの話が頭からまた再生された。かと思うと、またしばらくすると〈きゅるきゅるきゅる――〉と再び話の頭に戻る。

その感覚がどんどん短くなっていく。

同僚たちもここでようやく異変に気づき、黙ってＣＤを聞いていると、怪談を語っている人物の声が急に間延びするようになり、やがて長く唸るようになった。まるで、トイレの前で流した「霊を呼ぶ音」のようだ。

劣化したテープならまだしも、ＣＤでこのようなことになるなど聞いたことがない。

その音はずっと流れ続けている。

一同絶句のまま車は坂道を進んでいく。そして左手にバスターミナルが見えてきたところで、ブツリと音を立てオーディオは停止した。

重たい沈黙の中、とにかく街の方に向かって車を走らせると、二十四時間営業のファミレスを見つけて飛び込み、みんなで朝まで過ごした。

結局、コウジの携帯電話も車のオーディオも、両方壊れてしまっていた。


この話を、私は怪談会などでよく語っていたのだが、先日コウジから後日談を聞くことができた。

ある日、コウジは奥さんにおかしなことを言われたという。

「あんた最近さ、寝てる時たまに変だけど大丈夫？　なんか夜中にガクガク震えてからさ、口をガバッと開けて、長く息を吐く感じで唸っててキモいんだけど」

その話を聞いて、コウジはあの長く唸る音源のことと、小学生の時に廃屋のテレビに映った顔のことを思い出した。

この怪異には、まだ続きがあるのかもしれない。

神　薫

Kaoru Jin

現役の眼科医。『FKB 怪談女医 閉鎖病棟奇譚』で単著デビュー。『怨念怪談葬難』『FKB 怪幽録 骸拾い』など。共著に「FKB 饗宴」「瞬殺怪談」「怪談四十九夜」各シリーズ、『恐怖女子会 不祥の水』『猫怪談』など。
女医風呂 物書き女医の日常
https://ameblo.jp/joyblog/

ビニール

真野《まの》さんが最初にそれに遭ったのは、彼がまだ大学生だった一年前のことだ。

「卒論で夜更かしをしてたら煙草切らしちゃって。気分転換も兼ねて買いに出たんです」

深夜ゆえ遠慮がちにエンジンをふかし、最寄りのコンビニへ車を走らせた。

自宅の駐車場を出てしばらくすると、道路の前方に何か動く物が見えた。

街灯に照らされて、白い物がのそのそとアスファルト上を移動している。

何だ、生き物？　猫か？

下り坂でスピードの出た車は、白い物に急速接近していった。

その正体を視認できる距離まで来て、真野さんは安堵した。

よくコンビニで手渡されるような、白くて小さなビニール袋が風で膨らんでいる。

すれ違いざまに風のいたずらか、フッと袋がフロントガラスの前に浮かび上がった。

空のビニール袋など避けるまでもない、と彼はお構いなしに袋を撥《は》ねた。たいした抵抗もなく、ビニール袋はフロントガラスを撫でて後方へ飛んでいくはずだったが、予想は裏切られた。

ビニール袋だと思っていた白い物体が車に当たるなり弾け飛び、フロントガラスの左側に白い粘着物がべちゃべちゃと撒き散らされたのだ。

異物の付着は視界を奪われるほどではなかったが、不測の事態に彼は路側帯に急停車した。

「本当に深夜で良かったです。後続車がいなかったので、事故らないで済みました」

舞い上がるビニール袋に気を取られた一瞬、何か生き物を轢いてしまったのだろうか。

慌てて周囲を確認したが、路上に生き物の死体はなかった。車体に凹《へこ》みも見当たらず、生き物の血痕などもない。

事故の痕跡といえば、フロントガラスにこびり付く白い粘り気のみだった。

わけがわからないが、とにかく当初の目的を達成しようとワイパーを動かして汚物を洗浄し、コンビニまでたどり着いた。

煙草を買うなり一服して、やっと気持ちを落ち着かせることができたという。

それからというもの、真野さんは運転中に〈白いビニール袋のような何か〉に出くわすようになった。

出現頻度は一、二か月おきに一度で時刻はいつも真夜中だが、遭遇する場所がまちまちなので対策は難しい。

「出方はワンパターンですね。何か路上に白いビニールっぽい物があって、接近すると急にそれがフロントガラスめがけて飛んでくる。撥ねると車にベタベタと汚物が付くので避けたいんですが、なかなか思うようにはいきません」

当たると弾けて汚物を撒き散らすビニールらしき物は、撥ねればその感触から怪異と知れる。だが、撥ねずに避けることができた場合、何故〈ビニールのような物〉が怪異だとわかるのか。通りすがりのそれは、ただのありふれたビニール袋かもしれない。

「ああ、それは見ればわかります。袋に、中身が入ってるようになったので」

最初は空っぽだと思ったのが、繰り返し遭遇するうちに、ビニール袋の中身がはっきりとしてきたという。

「中身はたぶん、老人の顔です。皺《しわ》くちゃで男女の別はわかりません。最初はお面かと思ったら、白髪の後ろ頭もあって……」

無人の道路を飛んできて、車に当たると粘液に変じてへばりつく生首入りのビニール袋。彼の車を付け狙い、ぶつかり続ける理由は、何なのだろうか。

彼にはとくに誰かに恨まれるような覚えはないそうだ。

「どうも最近、袋の中身って僕が〈未来に事故で死なせてしまう人の顔〉なんじゃないかという気がして、胸騒ぎがするんです」

この頃の彼は、そんな強迫観念に憑かれているという。

怪異が凶兆かどうかの判断は保留するとして、遭遇するたびに進行していく性質の怪異は確かに危険に感じられる。

袋に遭わぬよう、夜の運転を避けてはと提案すると、〈運送業に就いたので、無理なんです〉と、真野さんは諦めたような顔で微笑んだ。

歌箱

会社員の沢入《さわいり》さんは、新型コロナ禍で職場への通勤を自粛中である。

テレワーク初日の夕方、一仕事終えた沢入さんが自宅アパートでのんびりしていると、何処《どこ》からともなく歌が聞こえてきたという。

透明感のある女性の、アカペラの歌声であった。

「とても綺麗な声でね、お隣の人は歌が上手いなあって感心したくらい」

アパートは壁が薄く生活音が響きやすいので、彼はそれを隣人の歌声だと思った。

素敵な歌声だと聞きほれていたが、一曲終わると数秒の小休止をはさんで、また全く同じ歌が始まる。

十分に三度同じ曲がリピートされるに及び、何か妙だと思い始めた。

「伴奏がなかったから隣人の歌だと思ったけど、素人にしちゃやたら上手いし、お気に入りの曲をエンドレス再生してるのかな？　と」

推測している間にも、同じ歌が繰り返し流れ続ける。

気づけば、三十分以上も同じ歌を聞かされている計算になった。

「あまりしつこく流すようなら、文句を言わなきゃなあと思って」

両隣のどちらの部屋から聞こえるのか、沢入さんは両側の壁に耳を付けてみた。

その結果は、俄《にわ》かには信じがたいものだった。

歌声は隣家からではなく、自室内から聞こえているようなのだ。

「狭いワンKのアパートだもの。音楽はスマホでたまに聞くぐらいで、うちにはステレオの類もないし、テレビもつけてなかったし、一体何処から音が出てるんだよって」

耳をすまして音の出所を探ってみれば、玄関脇の収納コーナーが怪しい。

「靴箱の横の狭い収納スペース。日用品をまとめて段ボールに入れて積んであったんだけど、そこから音が鳴ってたんだ」

物入れの扉を開くと、歌声がいっそう大きく聞こえる。そこに積み上げられた五つのダンボール箱のどれかが、歌の発生源らしかった。

鳴るような物など入れた記憶はないが、確かめなければ気が済まない。

沢入さんは上から順に箱の中身を検《あらた》めていった。

オフシーズンの洋服が二箱、古書店に売るつもりの本がひと箱、非常時のための水や乾パンの買い置きがひと箱。

四箱までは、確認作業は順調に進んでいった。

一番下のダンボール箱に手をかけたとき、不意に歌声が止んだ。

最後の箱を開けた沢入さんは、懐かしさのあまり涙ぐみそうになった。

箱の中身は写真集やブロマイド、雑誌の切り抜きの束。

それらは昔、沢入さんが多感な少年の頃に大ファンだった、或る女性タレントに関するコレクションだった。

「中の物を全部出してみたけど、紙物ばかりで音の出る物なんてなかった」

大好きだったのに箱にしまい込んだ理由は、彼女が夭折《ようせつ》したからだった。

「できれば彼女のことは思い出したくなかった。とても悲しい死に方だったので……見るたびに切なくなるけれど、捨てることも出来なくて、ずっと箱にしまっておいたんだった」

何年も前に実家の物置に置いてきたはずのその箱が、持ち出した覚えもないのに最近借りたアパートにあったことも不思議だった。

「ダンボールから聞こえた歌、声は彼女に似てたけど、彼女の持ち歌じゃなかった。大ファンだった僕も聞いたことのない歌だったなぁ」

その日はとくに彼女の命日というわけでもなく、ダンボール箱から何故いきなり歌が流れたのかは、沢入さんにもわからないという。

「当日は聞いた歌を覚えていて頭の中で反芻《はんすう》してたんだが、一晩眠って起きたら思い出せなくなっていた。僕のハミングでもいいから、何かに録音しておけばよかったな」


中身を検めてから数週間が経過した現在も、箱はまだ彼の家にある。

「大切な青春の思い出だから、お寺か神社できちんとお焚き上げしてあげたいんだけど……このご時世でしょ」

コロナ禍の収束まで、沢入さんは件の箱を自宅保管するつもりだそうだ。

ベランダ

女子大生の瑠璃《るり》さんが、交際して間もない彼氏のマンションに初めて行ったときのこと。

彼氏の住まいは単身向けワンルームマンションの四階にあった。

狭くて細長い部屋にはソファーなどの家具を置くゆとりはなく、自然と瑠璃さんは彼氏とベッドに二人並んで腰掛けることになった。

「デートはしてたけどまだエッチはしてなかったんで、ついにその日が来たのかとドキドキしました」

彼氏に肩を抱かれて口説かれる際、彼女は部屋の外が気になって集中できなかった。

ベッドに座ってすぐに、ベランダの方からボソボソ話し声がしたのだという。

「窓を閉めてるのに外の声が聞こえるってことは、エッチしたら部屋の中の音も外に筒抜けですよね？」

このままロマンスが始まると外の人に聞かれてしまう。そんなのは嫌だと瑠璃さんは焦った。

「ねえ、ちょっと待って！」

逸《はや》る彼氏を制して彼女は立ち上がり、部屋のカーテンを開けた。

「そしたらガラス戸のすぐ向こうに人がいて、びっくり」

派手な花柄のエプロン姿の老女と、サンダルを履いた幼児が彼氏宅のベランダにしゃがみ込んでいる。

このマンションではベランダは共有部分扱いなのだろう。そういえば、隣家との境界となるプラスチックの仕切り板もない。

老女は瑠璃さんの視線に気付き、険しい表情で何回か首を横に振って見せた。

「私、そのお婆さんに〈ここで遊ばないで！〉って言おうとして、ガラス戸を開けたんです」

彼女が注意しようとした途端、老女は孫を抱きあげると、意外な俊敏さで立ち去った。

老女の進む方向にもう一つマンションがあった。その建物はこちらと意匠が似ていたため、彼氏のマンションの別棟だろうと彼女は思った。

部屋のベランダから六メートルほどの連絡路が別棟へ繋がっており、そこを小走りで渡り終えた老女が孫を抱いてその一室へ入っていくのが見えた。

隣の建物に住む老女が、連絡路があるのをいいことに、広いベランダを孫の遊び場にしているのだろうか。

そのように考えていると、彼女は乱暴に肩をゆさぶられて我に返った。

「お前さあ、どういうつもりだよ⁉」

すっかり不機嫌になった彼氏が声を荒らげている。

「あのね、外で話し声がすると思ったら、お婆さんと子供がベランダで遊んでいたの。もう帰っていったけど。ほら、あっちのマンションに住んでる人」

ガラス戸から身を乗り出し、瑠璃さんはマンションの別棟を指差そうとした。

彼女は愕然とした。示す方向に別棟はあったが、数分前に老女が小走りに渡っていった通路、ベランダと別棟を繋ぐ架橋構造が消失していた。

「彼の部屋のベランダの手すりに幅一メートルぐらいの切れ込みが入っていて、そこからコンクリート製の通路が別棟の四階まで延びていたんですけど」

建物の間隔も、ぐっと離れていた。先ほどは六メートル程度だったはずが、二十五メートル以上も後退している。

「さっきまではなかったのに、白いプラスチックの仕切り板も急にベランダに出てきたし、何が何やら……」

記憶と現風景との齟齬《そご》に、瑠璃さんはパニックに陥《おちい》った。

「あ、えっ！　変！　さっき、あっちとこっちがベランダから繋がってたのに、何で？」

戸惑う瑠璃さんに、彼氏は冷たかった。

「お前、クスリでもやってんのか？」

言い争いの後、瑠璃さんは彼氏のマンションを飛び出した。

「私もすごくパニクってたけど、彼が私の話を全然聞いてくれなかったのがショックで。サッと醒めちゃったんです」

瑠璃さんも連絡を取らなかったが、彼氏の方からも連絡は来ず、二人の交際はその日を限りに終了した。

ベランダの一件から数日後、瑠璃さんは久々に実家へ帰ってゆっくりしていた。

「実家の押入れを開けたら、アルバムが一冊滑り落ちてきたんです。産院で撮ったおくるみの写真が最初に貼ってある、私の成長記録アルバムでした」

なんとなくアルバムをめくっていた瑠璃さんの手が、或るページで止まった。

よちよち歩きの幼児を優しく見守る、エプロン姿の老女の写真。

エプロンの特徴的な花柄に、彼女はハッとした。

「Mというブランドのリって花柄で、元彼のベランダで見たお婆さんと同じ柄でした」

だが、そのブランドのUはロングセラーの人気デザインゆえ、彼女の祖母が同じ柄のエプロンを所有していてもおかしくはない。

「でも、顔が。写真に写った祖母の顔、ベランダにいた人だったんです。それに、お孫さんの服も明るい黄色の上下で、小さいときの私と同じ。こんな一致、あり得ないでしょう?」

瑠璃さんの父方の祖母は、彼女が二歳になる前に亡くなっている。そのため、彼女は祖母の顔をはっきりと記憶していなかったのだそうだ。

ベランダの出来事から三か月後、瑠璃さんは学内でショッキングな噂を耳にした。

「もともと違う学部だったので、元彼とはキャンパスでほとんど会うこともなかったんですけど」

元彼は瑠璃さんと破局後、新しい彼女に危険ドラッグを勧めたことで退学処分になっていた。

「元彼から〈クスリやってんのか！〉って罵《のの》られたんですけど、そう言った彼こそがドラッグを使ってたなんて。皮肉ですよね」

悪い男と結ばれる前に、亡き祖母が超自然的な力を使って現れ、孫を守ってくれたのだと瑠璃さんは信じている。

だとすると、一つ腑に落ちないことがある。

〈ベランダに現れたのが祖母の霊だとしたら、一緒にいた幼児は何なのだろう？〉

この質問には瑠璃さんも首を傾げた。

「うーん、誰なんでしょう。その子、見た目は写真の幼い頃の私にそっくりだったんですけど、私は今、生きてますからねえ？」

〈祖母と孫の時を超えた生霊説〉や、〈孫連れの祖母が実体を持ったままタイムワープ説〉などが飛び出したものの、いまだに結論は出ていない。

犬面瘡

少年時代、いじめられっ子だった哲志《てつし》さんは、犬のペスだけが友達だった。

「ペスは上半身がビーグルで、下半身が柴犬みたいな雑種犬だった。滅多に吠えなくて優しい奴だったよ。俺が生まれる前からうちにいたんで、だいぶ年寄りだったんじゃないか」

両親は共働きで、早く家に帰ってもペス以外には誰もいない。そんな哲志さんには行きつけの公園があった。

「遊具もろくになくて、臭くて汚い公衆トイレと鬱蒼とした木々が植えてあるだけの場所。治安がよくないとこだから行っちゃダメって、いつも親から言われてたんだけどね」

校外でいじめっ子に会わぬよう、わざわざ他の子が行かないであろう場所を選んでペスと一緒に過ごしていたのだという。

「公園には家のないおっさんが何人も住んでいた。渡り鳥みたいに、季節が変わると顔ぶれが変わってくんだよ。おっさん達は俺みたいな子供に構わないでくれたから、ペスとのんびり過ごせて居心地は良かった」

新緑芽吹く季節のこと、いつものように哲志さんが犬連れで公園に行くと、木々の間に見慣れぬ老人がしゃがんでいた。

「新顔の爺さんはスーツ姿だった。上下とも服の裾がぼろぼろだったから、長いこと路上生活をしていたんだろうな」

その老人は器用に石を組んで手製のかまどを作り、火を点けて鉄板を熱している最中だった。

哲志さんは老人が何をしているのか気になり、かまどの横で立ち止まった。

すると、老人が気さくに話しかけてきたのだという。

「ぼうず、腹は減っとらんか？」

〈少し〉と哲志さんが答えると、老人は〈うんうん〉と何度も頷いた。

「いいもん見せてやるからな、犬畜生はそっちに繋いどけよう」

老人の言葉に従い、哲志さんはペスのリードを少し離れた木の枝に掛けた。

「しっかり繋いだわけじゃなかったが、ペスは勝手に逃げちまうような犬ではないから、そこでおとなしくしていた」

鉄板に油を塗り終えると、老人は裾の擦り切れたスラックスを片足だけまくり上げた。

「爺さんの脛に出来物がぽこぽこあった。赤ん坊の顔くらいの大きさで、出来物一つにつき、ぎゅっと閉じた目が二つに口が一つ、鼻が一つずつ付いていた」

どう見ても、それは人の顔だった。

面長な輪郭や高く秀でた鼻梁《びりょう》は、小さいサイズながら大人の顔つきに見える。眉毛《まゆげ》や睫毛《まつげ》のない無毛の人面の、唇は肌と同じ色で、鼻には小さな穴が二つ並んで開いていた。

「うわ、お爺さんの足どうしたの？　病気？」

「ぼうず、心配してくれてありがとよ」

老人は胸ポケットから小刀を取り出し、足から生えた顔の一つに刃を突き入れてスーッと削いだ。

肉の断面はハムのように鮮やかなピンクで、傷口から血は少しも流れなかった。

削ぎ落した顔を金属製の箸でつかみ、老人はそれを鉄板の上で焼き始めた。

「削ぎ取るときは静かだったのに、鉄板に乗せたら顔が目を開けたんだ。歯のない口もカッと開いて、火が通るまでずっとくねくね動いていた」

なんとも不気味な光景ながら、肉の焼ける香ばしい匂いのせいで、哲志さんの口中に唾液が満ちてきた。

老人は焼けた顔を箸でつまみ、つるりと飲み込んだ。

げっぷを一つしてから、老人はスラックスの裾をするすると元に戻した。

「そのときは、気味悪い足をしまってくれてホッとしたんだがな……」

ほころびたジャケットの袖をまくり上げると、またも老人の異形が露わになった。

足に生えた物よりも、やや小ぶりな顔が三つ前腕から突き出している。

老人は慣れた手つきで刃をふるい、腕の顔を一枚削ぎ落とした。

顔は焼けた鉄板に着地して、軟体動物のように身をくねらせる。

苦悶の表情を浮かべていた顔は、火が通ると動きを止めて安らかなデスマスクとなった。

二枚目の顔を食べ終えた老人は、腕に残る一枚を削いで小刀に突き刺し、こちらに差し出してきた。

「ぼうずも食うか？　これは旨いぞ。どんな肉より旨い。とくにナマだと最高だ」

通常の神経であれば断るところだが、哲志さんは迷った。

「なんだか俺は頭がぼうっとして、こんな変わった見世物を披露してもらったのだから、お礼に顔を食べてあげなきゃいけない気がした」

でも嫌だ。気持ち悪いな。食べたくないな。

どうしよう……哲志さんが困っていると、リードを引きずったペスが眼前に飛び出した。

飼い主の哲志さんも反応できない早業で、ペスは老人の小刀から顔をさらってぺろりと丸呑みしてしまった。

「ペスは親父が厳しく躾《しつけ》したから、拾い食いなんてしたことなかったのに。そのときだけは突然、行儀が悪くなったんだ」

肉を奪われた老人は激怒した。

「なんてことをしてくれた、これは犬畜生なんぞに食わせていい物ではない！　ぼうずには特別にくれようと思っていたのに！」

いい歳をした大人が地団駄を踏んで怒る様に、哲志さんは恐れをなした。

「ペスのやらかしを謝りたかったんだが、爺さんが酷く興奮していて、それ以上公園にいたら危害を加えられそうだった」

老人の罵声を背に浴びながら、哲志さんはペスと共に家まで逃げ帰った。

「爺さんのことは親にも話さなかった。怒られるのが怖かったからな」

帰宅して心配になったのはペスの体調だ。

小学生の哲志さんも、生肉には病原菌や寄生虫が存在し、食中毒になる可能性があることを知っていた。

「ペスが気になってしばらく様子を見てたんだ。とくに吐く様子もないし、苦しそうでもなかったから、大丈夫だと思ったんだが」

その判断が間違っていたと彼が知るのは、翌日の夜のことだ。

就寝前に哲志さんがペスを撫でていると、腰辺りにひやりと小さな違和感があった。

尻尾の付け根辺りから、黒い無毛の物が盛り上がっている。

昨日までは、こんな出来物はなかった。

犬の毛を掻き分けて観察すると、出来物は彼がよく知っている物に似ていた。

「二つの穴が開いていて、しっとり湿った、ペスのより一回り小さい犬の鼻だった」

ペスの尻に、鼻が出来ている。

やっぱり、老人の顔を食べなくて良かった。

伝染するんだ。そういう病気だったんだ。

老人の異形の手足を思い出して哲志さんは震えた。

「親にペスの異常を知られたら、俺が責められて怒られる。親父はすぐに拳骨が出るから、このことは絶対に隠さなきゃならなかった」

不幸中の幸い、柴犬の血を受け継いだペスの巻尾のおかげで、出来物は尾の先に隠れて目立たなかった。

「俺の気にしすぎだったらいい、明日になったら出来物が引っ込んでくれたらいいと祈ったんだが」

翌日の夕方、学校から帰った哲志さんは絶望した。

ペスの後ろ足、太腿《ふともも》の辺りに二つの切れ目のような物が出現している。

出来物を指で押すと、直下に弾力のある球体が埋まっているようだった。

「目が出来てた。爺さんの出来物を見ていたから、こっから口が出来て、しまいには顔になるんだろうと思った」

両親が仕事から帰宅して、ペスを見とがめられたらどうしよう。

まだ閉じているからいいけれど、この目が開いたらどうしよう。

そんな飼い主の怯えを感じ取ったのか、ペスはいきなり自らの後ろ足に喰らいついた。

普段は温厚なペスが獰猛な唸り声を上げ、めちゃくちゃに腿の出来物を咬みちぎる。

濃厚な血の臭いと共に、潰れた葡萄《ぶどう》のような組織や毛の付いた肉片が庭に飛び散った。

老人が顔を切断したときには出血はなかったが、胴体からちぎれかけたペスの足からは鮮血が迸り出ていた。

キュウン、と一声放つとペスは犬小屋の前に倒れ伏した。

「どくん、どくんと脈打つたびに足の傷からぴゅうっと血が出て、傷を押さえても全然止まらなかった。これは俺の手に負えない、獣医に連れていかなくちゃと思ったら」

哲志さんが呼びかけても、頭を撫でてもペスの反応がない。

傷からの出血が止まったときには、犬の心臓は動いていなかった。

ペスが死んでしまった！

雨の日の水たまりの如く、ペスの体の下に血だまりが広がっていた。

抱き起こした両手に付いた血の臭いに耐えられず、哲志さんはペスを庭に残して家に駆けこんだ。

手を洗いながら、彼はひとしきり泣いた。

ペスのこと、どうしよう。親にどう言い訳しよう。

洗面所で独りうずくまっていると、庭からじゃりじゃりと砂利を踏む音がした。

おそるおそる庭に出た哲志さんが見たのは、犬小屋の先にある血だまりと、そこから裏山へ点々と続く血痕。

ペスの死体は消えていた。


帰宅した両親に、哲志さんが怒られることはなかった。

「庭が血まみれだったから親は仰天して、犬のことより、俺が無事でよかったと思ったらしい」

庭から犬を引きずっていく血痕が残されていたため、〈敷地内に侵入した野犬とペスが戦い、ペスは勇敢に哲志さんを守ったが、死んで亡骸《なきがら》を持っていかれた〉という話に落ち着いたという。

だが、哲志さんはそうでないことを知っている。

ペスの首輪から外されたリードが当時、犬小屋のフックに掛けられていたからだ。

「リードと首輪を繋ぐ留め金も壊されてなくて、綺麗に外して置いてあったんだ。野犬にそんな器用な芸当はできないだろう。俺は公園の爺《じじい》が、肉を食われた腹いせにペスの死体を持っていったのじゃないかと思っている」

ペスの死後、哲志さんは件の公園に一度だけ行ったことがある。

「あの爺に会うつもりだったが、もういなかった。ペスの亡骸を返してもらって、弔ってやりたかったんだが」

それ以降、哲志さんの家で新たな犬を飼うことはなく、犬なしに彼が公園に行くこともなくなった。

「ペスがいたから。一緒にいてくれたから、俺は平気だったんだ。一人では、とてもじゃないが、あんな公園にはいられなかった」

学校でのいじめも、ターゲットが哲志さんから他の子に移るなどして次第に鎮静化していき、そのうちに友人と呼べる存在も何人か出来た。

それでも、哲志さんの心が完全に晴れることはなかったという。

「変な公園に通ってたせいで、ペスを死なせちまったからなあ。かけがえのない、俺の一番の親友だったのに……」

もしも時間を戻せるのなら、あのときから人生をやり直したいと哲志さんは目を潤ませた。

十字木

小学生の頃、亮《りょう》さんは少年野球団に所属していた。

「その日はボールの片付けをしながら団員同士喋っていて、映画の話題になったんです。レギュラーの翔太《しょうた》君が僕と同じ某映画のファンだとわかって盛り上がりました。補欠の僕は普段、野球の上手い翔太君とはあまり話したことなかったんで、趣味が合って嬉しかった」

意気投合した二人は、休日に小学校の裏にある山へ出かけた。

「映画を真似て、僕と翔太君の二人で死体探しに行ったんです。映画では本当は四人チームでしたけど、同好の士が集まらなくて」

山へは自転車で行き、舗装道路の脇の草地に自転車を停めた。

その後は徒歩で、獣道のような細い道から山中に分け入っていく。

昼なお暗い林の中を、三十分も歩いたろうか。

最初にそれを見つけたのは翔太君だった。

「樹海じゃないんだから、そうそう死体なんてあるわけないと高をくくっていたら、見つけたんです」

密に生い茂る木々の濃い緑色の中、不自然に白い物が目立って見えた。

第一発見者の翔太君が先陣を切って走り出し、あまり足の速くない亮さんは少し遅れて彼の後を追った。

樹齢数百年は経ていそうな木の幹から、左右に太い枝が二本張り出している。その大木の左側の枝にロープをかけて白いワンピースの女がぶら下がっていた。

「漢字の〈十〉みたいな形の木があって、そこで女性が首を吊っていました。こんなに首吊りにおあつらえむきの木があるなんて驚きで、僕はビビってしまいました」

白いロープで枝から吊られた女の白い衣服に、血の気の引いた白い肌が映えていた。白ずくめの女の胸元まで垂れた髪だけが黒々として、白と黒のコントラストが目を引く。

死体を見つけてさぞかし興奮するかと思いきや、亮さんは頭の奥がしんと冷えていくような気がしたという。

「顎《あご》を首にぎゅっと付けてうつむいていたので、女性の顔は見えませんでした」

〈もっと近くで見たい！〉と翔太君が木の根元に向かって駆け出したので、亮さんもおっかなびっくり後をついて行った。

よく出来た人形かもしれないと思ってよく見ると、少し乾燥して萎《しお》れた肌の質感はリアルな人間そのものだった。

縊《い》死体のつま先は彼らの頭上一メートルほどの空中にあり、両足とも裸足《はだし》であった。

死体から目を背け、亮さんは大木の根本辺りに視線を彷徨《さまよ》わせたが、地面には靴も遺書もなかった。

〈ちっとも腐ってない、きっと死にたてほやほやなんだ！〉

ハイテンションの翔太君に合わせながらも、内心、亮さんは不安がわき起こるのを覚えた。

「足場になるような物もなしに、この人はどうやってこんなに高い木の上で首を吊ったのだろうと」

〈十〉の形の木には、幹の中心から両横へと延びる二本の太い枝以外、足掛かりになるような枝がない。この女性は、死にたい一心で樹皮のささくれた幹に抱きつき、素手と素足で木をよじ登ったのだろうか。

〈写真を撮ってクラスの皆に見せよう〉と翔太君は、父親に黙って持ってきたというインスタントカメラをリュックから取り出した。

「今なら簡単にデジタル写真が撮れますが、当時は子供に持たせるような携帯電話もありませんでしたから」

フィルムを込めたカメラを構える翔太君。

死体に向けてシャッターを切ると、カメラからフィルムが吐き出されてくる。

インスタントカメラで撮影した物がフィルムに像を結ぶまでの間、二人は木の根元で待った。

数分後、フィルムに写し取られた光景に彼らは唖然とした。

ファインダーの視界通りなら、仰ぎ見た縊死体を写真フレームに収めたはずだ。

それなのに、フィルムには特徴的な〈十〉の形の木が聳《そび》えているだけだった。

〈なんでだよ！〉と翔太君が再びシャッターを切った。

フィルムに画像が浮かび上がるのをじりじりと待つが、期待した物は写らなかった。

〈どうなってんだよ、P社のフィルム高いのに、父ちゃんに怒られちゃうだろ！〉

諦めきれずにもう一度チャレンジする翔太君だったが、またも写真は失敗に終わった。死体が写らないのだ。

枝に結わえ付けられた真新しいロープも、物言わぬロングヘアの女も肉眼では見えているのに、カメラでは写しとれない。

〈フィルムを無駄にしやがって、むかつく!〉

リュックにカメラをしまった翔太君は憎々しげに、足元にあった小石を握ると良いフォームで女に投げつけた。

野球団のエースである彼のこと、小石は狙いを過《あやま》たずに女に飛んでいった。

次の瞬間、亮さんは目を疑った。

女の腹部に当たったはずの石が、跳ね返らないで音を立てて向こう側の草むらに落ちた。

まるで女の体を通り抜けたかのようだ。

翔太君はまた小石を拾うと、今度は女を吊っているロープめがけて投げた。

一投目こそは狙いを外したものの、二投目で石はロープをとらえた。目視では命中したように見えたが、石はロープを揺らすことなく弧を描いて茂みに吸い込まれていった。

ロープも女も実体ではないということ?　亮さんは混乱した。

「すげー、これが幽霊ってやつー？　初めて見たー！」

フィルムを浪費して苛《いら》ついた翔太君は、女を挑発し始めた。

「おばさーん、それともお姉さん？　顔見せてよー。見せられないくらいブスなの？」

やめなよ、と亮さんが止めるのも聞かずに翔太君は怒鳴り続ける。

「ねえ、おばさんは何で死んだのー？　彼氏にふられたの？」

女は答えない。

ただ、つい先刻まで静止していた女のつま先が、ゆらゆらと前後に揺れていた。

この人、怒ってる。亮さんはそう感じた。

「おい、返事しないと木に登って顔を見ちゃうぞー！」

翔太君が意地悪な顔つきで大木の幹に手を掛けた。

が、登れない。幹に足を掛けた翔太君は、木の根元に尻餅をついていた。

体重を掛けると樹皮がずるずると剥がれ、滑ってしまうのだ。

照れ隠しのつもりか、翔太君が宣言した。

「俺、あいつのスカートの中見てやる！」

立ち上がった翔太君は延びた枝の中ほどに移動し、真下から死体を見上げた。

「う、わあ……っ」

直後、翔太君はガクッと項垂《うなだ》れ、地面に両手をついてしゃがみ込んだ。

「ど、どうしたの？」

亮さんの問いかけにも答えずに、翔太君は四つん這いで木の根元まで戻ってくるなり、嘔吐《おうと》した。昼飯に食べたのだろう、胃液でふやけた細い麺が下生えにぶち撒けられる。

酸っぱい臭気に軽い吐き気を催しながらも、亮さんが背中をさすってやると、翔太君は息も絶え絶えに〈……目が〉と呟いた。

「えっ、目が、何て？」

シッ、と翔太君が口の前に指を立てて、後ろを振り返る。

彼につられて亮さんも枝の方を見ると、ロープを基点に女がくるり、くるりと回転していた。

風は梢《こずえ》を震わすほどの強さもない。女は自発的に回転しているとしか思えなかった。

「白い人が同じ方にくるくる回転しても、何故かロープが全く捻じれてなかったんです。これはヤバい、逃げなくちゃと思いました」

よろめく翔太君に手を貸して、亮さんは自転車を置いた場所まで戻った。

山から下る際、翔太君はずっと無言だった。いつも自信満々な彼には珍しく、しおらしい様子だったという。

この日のことは二人だけの秘密にしようと約束し、それぞれ家路に就いた。

それが、亮さんが翔太君を見た最後になった。


翌朝、学校に行くと翔太君は登校していなかった。

「それまで休んだことのない子だったので、気になりました。電話？　今ならＳＮＳで簡単にメッセージするんでしょうが、昔は親に許可をもらって固定電話からダイヤルして、通話が繋がったら相手の親から友人に電話を取り次いでもらわないといけなかった。その手間が、子供の僕にはきつかったんです」

欠席が数日続いた後、ようやく教師から話があった。

翔太君は家の都合で、皆にお別れを言う暇もなく転校したという。

一緒に遊んだとき、引っ越すなんて話は全く出なかったのに、いきなり転校？

亮さんは教師の説明に納得がいかなかった。

「何処へ越したのか先生に訊いたんですが、のらりくらりで要領を得なかった。なら、文通するので住所を教えてと言うと、〈先生が手紙を預かるから、書いたら持ってきてね〉と誤魔化されておしまいでした」

手紙を書こうと何度か試みたものの、国語の苦手な亮さんは文章が浮かばずに途中で投げ出すことが続いた。

数か月後、亮さんは小学校を卒業した。

「結局、翔太君への手紙は出さず仕舞いでした。中学では新しい人間関係が充実して、野球を辞めたのもあって、僕にとっての翔太君はどんどん遠い存在になっていきました」

高校生になった亮さんはふと、翔太君と首吊りを見た日のことを鮮明に思い出した。記憶の底に深く沈んでいたことが、どうして不意に浮かんできたのだろう。不思議に思って調べると、その日は二人で学校の裏山に行ってから、ちょうど五年目に当たる日だった。

何年も忘れていたとはいえ、消えた旧友のことはやはり気になる。

そこで、夕飯の際に母親に翔太君の話を持ち出してみた。

「ほら、小学校の頃、野球が上手かった翔太君。急に転校してったけど、今どうしてるんだろうね」

少し考えるそぶりを見せてから、母親は言った。

「ああ、あの行方不明の子？」

小学校の教師が教えてくれなかった情報は、母親からあっさりともたらされた。

「突然いなくなった子でしょう。家族で夜逃げして、引っ越し先は誰も知らされてなかったってね」

「夜逃げ？　そんなの知らない、聞いたことない。先生は転校したって言ってたのに、なんで本当のこと教えてくれなかったんだろう」

「あんたがショックを受けないように、先生の思いやりでしょ」

〈可哀想だけど、どうしようもない〉と母親は話を打ち切って洗い物を始めたので、彼は自分の部屋に行った。

「名前を調べれば、インターネットに何か情報があるだろうと」

パソコンから翔太君のフルネームを検索窓に打ち込むと、数件のヒットがあった。

「通っている高校がわかれば、久しぶりにコンタクトをとってみるつもりでした」

同姓同名らしき記事を除くと、検索結果で最も新しい記事は五年前、地元の出来事を趣味で記録している個人のデータベースサイトにあった。

検索結果のリンクをクリックして、亮さんは後悔する羽目になった。

「地方紙の事件事故ニュースをコピペしているサイトで、彼のことが数行だけ載っていました」

二人で首吊り女を見たその日のうちに、翔太君は殺されていた。

父親の浮気に悩んでいた母親が、一人息子を道連れに心中したのだという。

自宅で我が子の首を絞めて殺害した後、息子の死体と共に車で山中に移動した母親は、そこで自死していた。

どういう心境がなせる業なのか、死せる息子を木に吊ってから、その横で母親も縊死していたらしい。

いたましい親子心中の現場は、小学校の裏山にあった十字の木だったのだろうか。

「いえ、現場は此処から何県もまたいだ、遠い他県の山でした。原因を作った父親も他県に単身赴任中で、こちらでは全然報道を見なかったです」

あの裏山ではなかったにしろ、女の幽霊との死に方の一致に亮さんは寒気がしたという。

「正直、そんなことは知りたくなかった。この取り返しのつかない、何ともいえない喪失感を共有できる人が僕にはいなくて……」

小学生だった二人の秘密をいまさら母親に打ち明ける気も起きず、昔の彼を知る少年野球団の面々ともとうに疎遠になっていた。

その夜、亮さんはベッドに入ったものの、眠れずに翔太君のことを考えていた。

仰向けになったとき、何かがおかしかった。

電気を消して目を閉じているのに、瞼《まぶた》を透かして天井が見える。

思わず目を開いたとき、天井から蒼白い足が、つま先を揃えて生えていた。

小さい裸足のつま先が、天井の隅から、そろそろと伸びてくる。

引き締まったふくらはぎ、かさぶたの付いた膝小僧から半ズボンを穿いた太腿、長袖のTシャツを着た胴と胸が、順繰りに天井からひり出されてきた。

天井から、子供が下りてこようとしている⁉

とうとう、頭頂部が天井からぷつりと離れ、子供は亮さんの体の横に着地した。

それは小学生当時、五年前に別れたままの姿の翔太君だった。

「思い出したから呼び寄せてしまった、と思いました。顔が恨めしそうな表情じゃなかったのが救いでした」

翔太君は唇を動かさずに明瞭な言葉を発した。

「死体なんか、探すもんじゃないよ」

それは懐かしい、変声期前の甲高い翔太君の声だった。

穏やかな顔をしていても、この世の者ならざる旧友は恐ろしい。

亮さんが震えながら、〈あれから探してないよ〉と返事をすると、翔太君は〈そうだよな〉と応答して目を閉じた。

いつの間にか、翔太君の首から見覚えのあるロープが天井まで伸びていた。

五年前、裏山の十字の木に掛けられていた白いロープだ。

くるり、くるりとロープを基点に回転しながら上昇していき、翔太君は天井に吸い込まれるように消えた。

亮さんはぷつりと意識のスイッチを切られたように眠ってしまい、気づけば朝を迎えていたという。

その晩のことは怪異ではなく、翔太君に関する記憶が刺激されて見た夢ではないだろうか。
「いいえ、夢じゃない証拠があります。部屋の隅、翔太君が消えて行った辺りの天井に、寝る前にはなかった模様が浮き出てました。長さ三十センチくらいのアーモンド形の図形の中に、黒い丸があって。人間の目そっくりなシミです」

自分は見張られているのだ、と亮さんは直感した。
「あの首吊り女になのか、翔太君になのかはわからないけれど、僕は今までもこれからも、正しく生きているかどうか、ずっと監視されていくような気がします」

数日後、仔細を確認しようともう一度検索すると、亮さんが見たサイトが検索結果に表示されない。

パソコンの閲覧履歴から辿ったところ、件のサイトはキャッシュも含めてウェブから完全に削除されていることがわかった。

翔太君の身に起きた不幸を亮さんが知ってから、二十年以上が経過した。
就職してからは仕事が忙しく、翔太君のことを思い出すこともなくなっていたという。
これで話は終わりかと思いきや、まだ続きがあると亮さんは言う。

「去年の秋、久しぶりにおかしなことがあったんです。僕の仕事は激務で残業も多いので、いつもなら酒を飲んだらすぐに寝付くんですが」

その日の夜、床に就いた亮さんは、目を閉じているのに寝室の天井の木目が見えることに気づいた。

天井にある、目のような形のシミがぼんやりと光り、そこから投影されるようにして、瞼の裏に鮮明な映像が流れてきたという。

映像は何処かの山中にズームしていく。

映っているのは、小学校の裏山でかつて見たのと同じ〈十〉字形の大木。

地面と水平に幹の中心から突き出す枝には、左右にそれぞれ男の子と大人の女が吊るされている。

二人は白いロープを枝に結わえて首を吊っていた。

さらに映像がズームになり、吊られた男女の顔や服装が見てとれた。

左の枝には翔太君が、別れた日の服装のままでぶら下がっている。

続いて右の枝で首を吊る白いワンピースの女性がズームになり、うつむき加減の顔が晒されたところで映像は唐突に終わった。

その中年女性は、かつて小学校の裏山にある十字の木で首を吊っていた白い女性の霊と同一人物なのだろうか。

「いや、僕が思うに、右の枝で首を吊っていた女性は、翔太君のお母さんじゃないかと。試合の応援や遠征のお迎えに来てた彼の母親に似てたんです。それに、抜けるように白かった裏山の女と違って、その女性は手足の先が赤黒い色をしていて、雰囲気がだいぶ違ってました」

時間が経つと、縊死体は手足の先が赤や紫がかった色に見える。それは心臓の拍動が止まり、循環を止めた血液が重力に従って下方に移動していき、死斑を形成するからだ。

「そうなんですか？ それで僕、映像の翔太君が気になってるんです。高校時代にうちのベッドに降り立ったときと服装は一緒でしたが、顔が全然違っていて。あまり安らかな顔じゃなくて、黒っぽく腫れているみたいでした。死ぬ前に親から殴られたのかな……」

縊死、いわゆる首吊りの場合、動静脈の血行が頸部で瞬時に止まるため顔色は蒼白になるが、絞殺の場合は違う。

絞殺では頸部をじわじわと圧迫されるため、首の内部、浅層にある静脈は血行が止まるが、比較的深層にある動脈からは血液が頭部に流れ込むので、顔面は血流の停滞により黒ずんで見える。

「よかった。いや、殺されたのによかったというのも変ですが、翔太君が暴行されて痛い目に遭ったりしたんだったら、辛すぎるので……」


吊り下がる親子の映像を見た後、亮さんはあの裏山に一度、足を運んだ。

「遅きに失した感はありますが、翔太君の供養として、あの十字の木に花を手向けに行ったんです。子供の足で三十分ぐらいだったんで、すぐに見つかると思ったんですが」

三時間ほど歩き回ったのだが、予想に反して十字の木は見つからなかった。

「もう二十年以上経っていますから、あの木、枯れてしまったのかもしれないですね。仕方ないので、花束は山中に置いてきました」

二人の通っていた小学校は統廃合により現在は廃校となっているが、裏山は今もある。老若男女を問わず、不定期に縊死体の出る山として、地元では有名であるという。

夜馬裕

Yamayu

相方・インディと怪談師コンビ・ゴールデン街ホラーズを結成。カクヨム異聞選集コンテスト大賞。第7回幽怪談実話コンテスト優秀賞。話数の豊富さと、練られた構成の怪談には定評がある。共著に『高崎怪談会 東国百鬼譚』。

天井裏の奇談

【麻衣《まい》さん宅の話】

モデルの仕事をしている、友人の朱音《あかね》さんから聞いた話。

朱音さんには、一朗《いちろう》さんという病院勤務の友人がいる。その一朗さんは一時期、同じ病院に勤める看護師の麻衣さんと仲良くしていた。

麻衣さんは病院でも評判の美人で、最初こそ一朗さんも男女の仲を意識したそうだが、しばらく付き合いが続くと、「ああ、この人は同じ女性が恋愛対象なのだろうな……」ということが、なんとはなしに理解できたという。ただ、恋愛を抜きにした付き合いが逆に良かったのだろう、二人は気兼ねなく相談し合える親しい間柄になった。

そんなある時、麻衣さんから「最近、夜眠れないことが多くて、毎日身体もだるくて凄く体調がわるい。他の人には言いづらいけれど、きっと私のマンションの部屋、お化けがいるような気がするの」と打ち明けられた。

「川沿いのマンションだから、水場が近いのも良くないって言うでしょ。悪い気を祓《はら》うと人から聞いて、観葉植物を置いてみたりしたけど全然ダメで……」

と難しい顔をして話すのだが、肝心の「お化け」の話はどこにも出てこない。普通は、眠れない、だるいだけで「お化け」に結びつけるはずもないので、何かあるだろうと、一朗さんはそれとなく会話の水を向けたのだが、なぜかそれについては、麻衣さんは一切語ってくれなかった。

気になった一朗さんは、事故物件を掲載している某サイトでこっそり麻衣さんの住所を検索すると、ばっちりと事故物件のマークが付いていた。一瞬、本人に教えようかとも思ったが、余計に気に病んでしまい、ますます体調を悪くしたら良くないだろうと思い直し、麻衣さんにそのことを伝えはしなかった。

そうこうするうちに麻衣さんは一気に体調を崩していき、自宅療養のため病院勤務を一か月お休みすることになった。療養中はあまり連絡もつかず、一朗さんは大変心配していたのだが、友人とはいえ女性の家に押しかけるわけにもいかない。

気を揉んでいるうちに時が経ち、結局、麻衣さんは復職することもなく、病院を辞めることになってしまった。

麻衣さんが病院を辞める前、久しぶりに連絡をとり顔を会わせたのだが、彼女は思いのほか元気そうな様子をしていた。そして、「もう体調は悪くないけど、実家に帰ることにした」と言う。一朗さんは「元気なら一緒に病院で頑張ろうよ」と引き留めたが、まるで休職前とは別人のようにすっきりした表情で、「実家に帰るわ」と強い口調で断られた。

ただ、「最後にあなたには話しておきたいことがある」と真剣な顔で麻衣さんに言われたので、一朗さんは「さては女性が恋愛対象というカミングアウトかな」と身構えたが、「実は私の部屋、事件があってね」と切り出してきたので、「ああ、そっちか……。でも、事故物件の話も知ってるんだよな」と内心苦笑いしながら聞き始めた。

ところが、想像とはまるで違う、驚くような話を聞かされることになったという。

麻衣さんは自宅療養中、いつもだるくてぼんやりしており、常に眠っているような、目覚めているような、曖昧《あいまい》な時間を過ごしていた。ほとんどの時間をベッドで横になって過ごしていたのだが、隣の部屋ではＤＩＹでもしているのか、トントン、カンカンという何かを叩く音が始終しており、それが朝晩続くので、疲れた心身には堪えたそうである。

そんなある日、シャワーを浴びようとバスルームに入った時、ふと違和感を感じて上を見上げると、天井裏へ通じる天板がずれていることに気が付いた。

隣室で毎日何かを叩いている振動のせいでずれたのかと思い、元に戻そうとしたのだが、なぜかふと急に思い至り、そのまま天板を押しのけて、懐中電灯を片手に天井裏を覗いてみることにした。

麻衣さんはそこで、ミイラを見つけた、という。

天井裏を懐中電灯で照らすと、最初に見えたのは、真っ黒な髪の毛。あろうことか、男がバスルームの天井裏に横たわっていたそうである。麻衣さんは当然警察を呼んだが、警官に聞かされたのは、「ミイラ化した男性の遺体があった」という信じ難い話であった。

当初は事件性を疑って、麻衣さんも何度も聴取を受けたそうだが、遺体には身分証など身元のわかる物が一切なかったこと、また外傷はなく、おそらく自然死であろうという判断から、何もわからないまま、結論らしきものをその後、警察から知らされることもなかった。

高温多湿の日本では、遺体がミイラ化することは滅多にない。ましてバスルームの天井裏である。外から運びこまれたとしか思えないのだが、麻衣さんは看護学校を卒業してから八年間この部屋に住んでいる。自分が入居する以前から遺体が置かれていたのだろうと思っていたが、警察から「洋服のポケットに、唯一入っていたのが、六年前に買い物をしたレシートだった」と聞かされて驚いた。少なくとも六年前まで生きていたのなら、遺体は自分が暮らして二年以上経った後、いつの間にか置かれたことになる。

どのように置かれたのか、いつから遺体があるのか、方法も時期もわからない。天井裏なので、「もしかすると隣室から運びこまれたのでは」という可能性も考えたが、バスルームの天板は点検用に開けられるようになっているだけで、通常隣室との間は壁で仕切られている。そのことを人から聞き、警察が調べないわけもないと考えると、では誰が何のためにどうやって……と酷《ひど》く恐ろしくなり、部屋だけでなく遠く離れた場所へ行きたいと思い、実家に帰ることを決めた、そう麻衣さんは話してくれた。

こんな話を聞かされては、一朗さんにも引き留める言葉が浮かばない。麻衣さんはそのまま実家へ帰ってしまい、ほどなく連絡もつかなくなり音信不通となったところで、麻衣さんとの短い友情は終わりを迎えた。

ただ、あんな恐ろしい目に遭ったにもかかわらず、なぜか体調は元に戻っており、まるで療養前とは別人のように清々《すがすが》しい様子で去っていった麻衣さんの姿が、一朗さんには最後まで何ともいえず不思議に感じられたという。

【美月《みづき》さん宅の話】

これは、美月さんという二十代の女性から聞いた話。

数年前、美月さんは嫌だった実家を出てアパートへ引っ越し、念願の一人暮らしを始めたのだが、希望に満ちた新生活のビジョンは瞬《またた》く間に崩れ去ってしまった。

アパートに来てから、とにかく体調が悪いのだ。最初は環境の変化だろうと思っていたが、それにしては毎日身体が重く、頭もぼんやりとして、仕事に行けないほど心身の疲労が酷い。心配になり病院へ行ったのだが、特に何も病気は見つからず、医者からは「引っ越しの疲れでしょう」の一言で済まされてしまった。

原因は、どうも寝ている間にあるようで、悪夢でも見ているのか、朝起きると真冬にもかかわらず全身ぐっしょりと汗をかいている。元々寝つきが良くないので睡眠薬を服用しているのだが、悪夢らしきものを見るのはそのせいかと思い、あえて服薬をやめてみることにした。薬をやめると、夢の中身がだんだんとはっきりしてきたようで、翌朝になってもどんな夢を見たか覚えていられるようになってきた。

夢の中でも、美月さんはベッドへ横になっている。そして彼女のすぐ隣にはもう一人、黒い人影が添い寝をするように横たわっているのだ。身体が金縛りにあったように動かせないため、顔や身体を人影のほうへ向けることはできないのだが、目だけを横に動かして見ると、男らしき無表情な薄黒い影が、すぐ真横に居るのがわかる。

この夢をずっと見続けたまま、寝汗と疲労感にまみれて朝を迎える。その繰り返しで、美月さんはすっかり体調を崩してしまった。夢を忘れて熟睡しようと、再び強い睡眠薬も試してみたが、一度意識してしまった夢は消えることなく、結局、男の影が寄り添う夢を見続けることになってしまった。

ある晩、やはり男の影を感じながら寝苦しい夢を見ていると、枕元の携帯電話がブルルッと鳴った。着信画面から放たれる光で、男の無表情な顔が一瞬くっきりと暗闇に浮かび上がった後、光に照らされた男はそのままスッと姿を消した。

不審に思いながら起き上がって電話に出ると、友人が「夜中にごめんね、急いで聞きたいことあって」と話しかけてくる。友人に「ねえ、これって夢じゃないよね？」と恐る恐る聞くと、「はあ？　当たり前でしょ」と電話口で笑われてしまった。

美月さんは、先ほど光に照らされた男の姿をはっきりと覚えている。ということはつまり、今まで自分が夢の中だけと思っていたことは、現実にも起きていたことで、これまでずうっと、眠っている自分の横には実際に男が居たのだ、ということに気付かされた。

怖くなり翌日から外泊をしたが、引っ越しで貯金も使い果たしており、何泊もホテル住まいをできる余裕はない。諸事情ありどうしても実家には戻りたくないうえ、居候《いそうろう》させてくれるような友人も近くにいないため、数日外泊した後は行き場もなくなり、結局アパートへ戻ると、それからは男の影に怯えながら夜を過ごすしかなくなった。

次第に体調は悪化して、ついにまともに働くことも厳しくなってきた。職場でも、失敗をして怒られる段階を過ぎ、すでに同僚からは遠巻きに心配されるようになっている。仕事をしなければ引っ越し資金も貯められないが、このままではまともに働くこともできず、最近では上司から暗に休職を勧められるようにもなり、美月さんはすっかり進退窮《きわ》まってしまった。

美月さんの職場には、「ちょっと霊感強くて見えちゃったりするんだよね」とよく話している同僚が一人いた。自意識過剰なだけだろうと、その女性の霊感をまったく信じていなかったのだが、この状況を誰かに相談したくて堪《たま》らず、藁《わら》にもすがる思いで「家に幽霊が居るみたいなんです。一度私の部屋を見てもらえませんか」と頼んでみると、同僚は人から頼られるのがよほど嬉しかったのか、二つ返事で引き受けてくれた。

早速、翌日の晩に来ると言うので、その日美月さんは早めに仕事をあがると、食事の準備をして彼女の到着を待っていた。ちょうど夕飯が出来あがった頃、同僚は美月さんの家にやって来たのだが、部屋に入るなり「ねえ、あなたオトコできたでしょ」とニヤニヤしながら笑いかけてきた。

相談の内容は、まさに男の話である。美月さんは彼女の霊感を疑ったことを心の中で詫びつつ、これまで起きたことを順を追って説明していった。ただ話が進むにつれて、同僚の表情が、だんだんと曇っていくのがわかる。

話終えると、同僚は「ねえ、その話って本気で話してるの？　本当は新しく彼氏が出来たから、その人がもうすぐここに、じゃじゃーん！　って登場するんじゃない？」と、不安そうな様子で聞いてきた。

真剣に話しているのに、からかっていると思われた麻衣さんは、「そんなわけない！」

と強い口調で否定したが、そうすると急に、同僚の表情は怯えたものへと変わっていった。

同僚はしばらく黙りこんだ後、美月さんへ静かに尋ねた。

だったらなんで、机の上に、三人分の食事を用意してるの……？

それに、隠れている彼氏が出てくるのでなければ、押し入れの襖《ふすま》の隙間から、ずっと私たちを見ている男の人、あれはいったい誰なの……？

言われて驚いた美月さんは、食卓を見て唖然《あぜん》とした。確かに、三人分の皿や食器が置いてあるのだ。準備したのは自分だから、無意識に三人分用意したことになる。これは、どういうことなのだろう。そして、押し入れの中に男……。

ハッと振り返ると、押し入れの襖に隙間は開いているが、そこにはただ暗闇があるだけで、人の姿などは見えない。

怯えた顔の同僚に「誰もいないよ」と言うと、「居るでしょ！　最初からずっとこっち見てるわよ！　私はずっと、彼氏が隠れていて、怖がらせた後に登場して驚かせようとしてるんだと思ってた。だって三人分の料理用意してあるし！」と、押し入れを指差しながら同僚は震える声で叫んだ。

美月さんはもう一度目を凝らして押し入れの隙間を見たが、やはりそこには人影は見当たらない。意を決して、押し入れの襖をガラッと引いてみたが、中には衣装ケースがあるだけでどこにも男の姿などはない。

そう言おうとした瞬間、真後ろで「うえっ！　上に居る！」という同僚の絶叫が聞こえた。振り向くと、恐怖に顔を引きつらせた同僚が押し入れを指さしたまま、半ば腰が抜けたように床にへたり込んでいる。数秒後、同僚は手元の荷物を脇に抱えると、美月さんに挨拶もせず、転げるようにして部屋から飛び出していった。

何が起きているのかわからず混乱したまま、改めて押し入れの中を見上げると、天板が少しずれて、天井に隙間が開いているのがわかった。どうして天井が開いているのか疑問に思い、天板を戻すついでに、懐中電灯を片手に天井裏を覗いてみたのだが――。

美月さんはそこで、ミイラを見つけた、という。

後に警察から聞いたところによると、遺体は身元不明のミイラ化した男性で、外傷は見当たらず自然死の可能性が高いうえ、数年間はこの場所に置かれていた形跡があり、数か月前に引っ越してきたばかりの美月さんは関与を疑われることはなかった。

天井裏を調べると、隣室との仕切り壁に補修した跡があり、いったん壁に穴を開けて隣室から遺体を運びこんだ後、再び壁を閉じたのではないか、というのが警察の見解であった。美月さんはそれを聞いて急に思い出し、「そういえば壁が薄いせいか、隣の部屋からいつも、トントン、カンカンと何かを叩いてる音がしていました。もしかしてあの時、隣から遺体をこちらに移動させていたのかもしれません」と警察に訴えた。

警察からは、隣室にはここ数年は誰も住んでいないが、最近無断で複数の人間が侵入して室内を使用していた形跡があり、手書きの御札や、手作りの木魚のようなもの、皿や木槌《きづち》などが置かれており、どうやら何か儀式的なことを行っていたようだと教えられた。

とはいえ、隣室には血痕を含め凶行に至った形跡はなく、天井裏の壁の補修も最近のものではないうえ、遺体も相当の時間放置されていた様子なので、最近隣室に侵入していた人たちが、果たして本件と関与しているかは不明とのことであった。

このような事件のあった部屋である。さすがに美月さんも暮らすことはできないと決意し、絶対に頼りたくなかった両親へ頭を下げて、しばらくは元の実家暮らしへ戻ったという。その後頑張って資金を貯め、今では新居で元気に一人暮らしをしている。警察からは特に連絡も来なくなったので、きっとあのまま何もわからず、お蔵入りしたのではないか、と美月さんは語ってくれた。

ただ、「振り返って思うと、夜ごと居た男の影は、日が経つにつれて、最初の黒い影から、だんだんと実体を伴ってきた気がします。それと同時に、少しずつ自分の中へ男が入りこんでくるような、そんな感覚にも襲われました」と美月さんは話していた。

「あのまま過ごしていたら、私はあの男の影に、身も心も乗っ取られていたかもしれない。隣室で密かに行われていたのは、そういう類の儀式だったのではないか、今では勝手にそう思っています。天井裏のミイラは、あの男本人かもしれないし、もしかすると別の人間で、儀式の依《よ》り代《しろ》のようなものだったのかもしれません」


この美月さんの話を聞いたのは、結構昔のことである。それから何年も経って、友人の朱音さんから、最初の麻衣さんの話を聞かされた。

どちらも全く別の話である。念のため確認はしたが、女性であるということ以外、人物像にはこれといった共通点もなく、わかる範囲においては、人間関係が繋《つな》がっている様子もまるでない。ただ、起きている現象だけがあまりにも似通っているので驚かされた。

夜眠るときに寝苦しいこと、体調不良が続くこと、隣室からはトントン、カンカンという音が続くこと、そして天井裏からミイラが見つかること。

美月さんは、黒い影に身も心も乗っ取られそうになったが、かろうじて逃げることが出来た、と話していた。

では、同じ人とは思えないくらい元気になって実家へ帰り、それきり行方の知れない麻衣さんは、果たしてどうだったのか。

彼女もまた、元の麻衣さんのままだとよいのですが——。

虐めっ子

文代《ふみよ》さんは、おかっぱの黒髪、すらりと細身の文学少女風ルックスでありながら、奇抜な服装で仕事に現れる、個性的という言葉の似合うプログラマーだ。

マイペースに見えて、冷静かつ迅速、誰よりも早く良い仕事をこなす腕前は同僚からも折り紙付き。そんな彼女も尖った個性が災いして、学生時代は周囲に馴染《なじ》めなくて、相当苦しい思いをしたという。

中学三年生のとき、文代さんは同級生から激しい虐《いじ》めを受けていた。

女同士でありながら、殴る蹴るは当たり前、前歯を折られたり、潰した虫入りの水を飲まされたり、上半身裸の写真をクラスメイトに回覧されたり、生理の日にナプキンを捨てられて血まみれになったりと、淡々と話すエピソードは、聞くだけでも地獄だ。

当時はさすがの彼女も精神を病みかけていたそうだが、娘に無関心だった両親は、相談しても「とにかく頑張れ」としか言わなかったという。

これはもう、逃げるには死ぬしかないな、とぼんやり思っていたある日。

虐めの首謀者である同級生の正美《まさみ》さんから、「放課後、私の家に来い」と命令された。

どんな目に遭うのだろう。最近は暴力行為もエスカレートしてきたから、何をされてもおかしくない。渡されたメモを頼りに目的地へと向かいながらも、こうなったらやられるところまでやり返そうと思い、工具店で大振りのカッターナイフを購入するほど、その日は追い詰められた精神状態だったという。

目的地に着くと、そこには相当に汚く、荒んだ風情のアパートが建っていた。住んでいるのは、正美さんの家族だけではないかと思うほどの寂れ具合である。

これから起こることに覚悟しながら、意を決してインターホンを押すと、「はあーい」と、拍子抜けするほど明るい女性の声がした。扉が開くと、恐らく母親だろう、優しそうな中年女性が顔を出し、「あら、いらっしゃい」と招き入れてくれた。

戸惑いながらも部屋へ入ると、外観からは想像できないほど小綺麗な内装で、奥のリビングには、白を基調とした欧風家具が並んでいるのが見てとれる。文代さんは上着のポケットでカッターナイフを握り締めながらも、「こっちこっち」と温かい笑顔で手招きする女性に誘われるがまま、怯えと安堵《あんど》の入り混じった気持ちでリビングへと足を踏み入れた。

中央のテーブルには、家族の姿がある。雑誌を読みながら軽く会釈してくる父親らしき中年男性。活発そうに身体を揺らし、「いらっしゃーい」と話しかけてくる小学生くらいの男の子。「これがあの嫌な女の家族なのか」と内心驚いていると、中年女性は笑顔のまま、「ひと息つきなさいな」と、ポットからお茶を注ぎはじめた。

肝心の正美さんの姿がどこにも見えないので、どうなることかと神妙な面持《おもも》ちでお茶を飲んでいると、中年女性は「あなたとは気が合いそうだわ」とか、「私たちと波長が似てるのよ」などと、微笑みながらずっと話しかけてくる。

文代さんは適当に相槌《あいづち》を打ちつつお茶を飲んでいたのだが、急に横から男の子が手を握ってくると、ひどく真面目な表情で、うんうん、と頷きかけてきた。すると中年男性も雑誌から顔を上げ、顔を近くに寄せると、「もうじき終わる」と耳元で囁《ささや》いた。

「何が……」と聞き返そうとしたとき、玄関の扉がガタガタと鳴り、「おいっ、居るか!」という、聞き慣れた正美さんの怒声が部屋に響き渡った。そのまま、ドタドタと勢いよくリビングに駆け込んできた正美さんだが、入るなり目を大きく見開いて、呆然《ぼうぜん》とした表情で立ち尽くした。

正美さんは「えっ、なんで……」と怯えた声を出し、泣きそうな顔をしてリビングの入口から動けないまま震えている。

横を見ると、先ほどまで優しかった中年女性の顔は、ぞっとするほど険《けわ》しい表情に変わっており、正美さんに向かって「こっちに来なさい」と低い声で命令した。すると中年男性も、低い声で、「来い……」と呼びかける。全身を震わせて拒絶していた正美さんだが、やがて見えない力に吸い寄せられるように、ふらふらとテーブルへ近づいて来た。

突然のことに文代さんが驚いていると、「あなたは帰りなさい」と中年女性が優しい声で微笑みかけてくる。そして正美さんには、「あなたは座りなさい」と低い声で命じた。

ただならぬ雰囲気を感じた文代さんは、すぐさま席を立つと、「お邪魔しました」と家族に一礼した。正美さんは入れ替わりに椅子へ腰かけながら、文代さんのほうを懇願するような目で見て、立ち去る彼女の背中に「待って、置いていかないで！」と叫んだが、文代さんは一度も振り返らずにその場を去ったという。

ただ、帰宅した時、ポケットに入れていたはずのカッターナイフが、「いつの間にか」

失くなっていることに気がついたそうだ。

「翌日、廃アパートの一室で、あの女がカッターナイフで自分を何か所も切って自殺未遂しているところが発見されたの。随分と顔も切ったみたい。そのまま転校して戻って来なかった。首謀者が消えると、私への虐めも潮が引くみたいになくなったわ」

友人たちの話では、正美さんは放課後、「面白いことを思いついたから、幽霊アパートに行く」と言い残したきり、いくら待っても一向に帰って来なかった。あまりに姿を見せないので不審に思い、友人たちが正美さんの話していたアパートへ様子を見に行ったところ、二階の空き部屋で血まみれになっている彼女を発見したという。

そのアパートは、職場の虐めで精神を病んだ母親が、眠っている夫と息子の喉を刺身包丁でかき切って、最後に自分の喉を突いて無理心中するという陰惨な事件が起きた場所で、それ以来どの部屋にも入居者がいなくなり、半ば廃墟と化している場所だった。

どのような理由があるのか、大家も取り壊すことなく放置したままで、やがて、声が聞こえる、姿が見えるなど、近所では秘かに幽霊アパートの噂が立っていたらしい。

正美さんは、どうやらその部屋に文代さんを閉じ込めて怖がらせようと思っていた様子で、現場には、ロープ、椅子、目隠しなどが用意周到に揃えてあったという。

「でもね。私、途中でわかったの。これは正美の家族じゃないだろうなって。だから怖かったけど、起きたことを翌日聞いても、あまり驚きはしなかった」

だってね、まったく味がしなかったのよ、出されたお茶。

文代さんは、いつものように淡々とした口調で語る。

その横顔を見て、ふと、私の胸に嫌な疑念が浮かび上がった。

――わかっていたのに、正美さんを置いて帰った。

――そうであるならば。

「例のカッターナイフ、本当に失くしたの？　もしかして、わざと部屋に置いていったのだったりして……」

そう冗談めかして尋ねると、「だからあなたは野暮《やぼ》なのよ」と、彼女は冷たく微笑んだ。

数年後、文代さんは二十代の若さで亡くなった。

だから今でも私には、あの日の冷たくも美しい笑顔が、彼女の一番の思い出である。

若くして逝った、昔の恋人から聞いた話。

吊られの一本松

私が雑誌記者の仕事をしていた頃、カメラマンの細木《ほそき》さんという、よく奇妙な体験をする先輩がいた。有り体に言えば霊感体質。だが本人は頑《かたく》なにそれを認めず、「世の中には不思議なことが多い」と言い張り続けていた。これは、そんな細木さんの体験談である。

一週間の予定だった撮影仕事が三日で終わり、残った四日はそのまま逗留《とうりゅう》して、山林の風景や土地の人の様子を撮影することに決めた細木さん、その日も被写体を求めてレンタカーを走らせていた。山の風景などいくつか気に入った場所を見つけて撮影し、それなりに満足して宿のある市街地へ戻ろうとしていたのだが――。

真っ直ぐ続く田舎道を走らせながらふと目をやると、道から少し奥まった場所に樹々に覆われた小高い丘があり、頂上部には寺院の屋根らしきものが見える。何とも言えない風情を感じて、「ここは見逃せない」とカメラマンの勘が働きハンドルをそちらに向けた。

車を降りて近づくと、丘の入口からは、細く急な階段が、上へ上へと伸びている。両脇に広がる新緑が心地よく、ひび割れて足元の悪い石段も、一面に苔《こけ》むした様子がむしろ滋味《じみ》深く感じられた。

石段を登りきると、そこは緑に囲まれた寺の境内であった。

境内の入口には、大きな松の木が一本だけ聳《そび》え立っており、その傍らには風雨にさらされた羅漢《らかん》像が立ち並ぶ。奥にはいい具合に侘《わ》びれた寺の本堂が建っており、近くには新旧入り交じった墓石が見える。いかにも地方の山寺といった雰囲気が気に入って、彼はしばらく夢中でシャッターを切り続けた。

小一時間も撮影しただろうか、気づけば陽が傾いている。そろそろ車に戻ろうかと荷物をまとめ直していると、本堂の入口から禿頭《とくとう》の僧侶がスッと姿を現わした。

小さな山寺なので、彼が住職なのだろう。歳の頃は三十代、顎の細い面長な輪郭や切れ長の目が神経質そうな印象を与えるが、口元に浮かぶ微笑みは穏やかそうだ。

砂利をさくさくと踏みしめながら、「これは……人がいらっしゃるのは珍しい」と、細木さんの近くへ歩み寄って来た。

脇に置いた本格的な撮影機材を見られては言い訳もできない。職業はカメラマンだが、今は仕事ではなく趣味の撮影であることを伝え、勝手に境内を撮影した非礼を詫びると、「気にしないでください」と朗らかに笑い、「こんな寺でも良ければ」と、本堂の中まで撮影させてもらえることになった。

とはいえ、小さな山寺の本堂である。見所があるわけでもなく、撮影はすぐに終わってしまった。それどころか住職の几帳面《きちょうめん》そうな印象とは異なり、床には物が散らかって雑然としており、あちこちに埃《ほこり》も積もって、お世辞にも清潔とは言い難い。

最初は寺の由来などを熱心に語っていた住職だが、次第に口調から当初の明るさが消え、田舎の人付き合いの大変さや、檀家《だんか》が減って寺の経営が苦しいことなど、言葉の端々に恨み節が聞こえてきた。

細木さんはここらが潮時だと思い、「そろそろ帰ります」と伝えると、住職は急に寂しげな表情になり、「恥ずかしながら、妻が貧乏な寺暮らしに愛想を尽かして居なくなってしまいまして……。独りで寺のことをやっているものですから、掃除も行き届きませんし、何のおもてなしもできず、本当にすみません」と落ち込んだ口調で謝られた。

細木さんは心の内が顔に出たのかと少々申し訳ない気持ちになり、丁寧に外まで見送ってくれる住職へ、「せっかくですから、ご住職も記念に撮影させてください」と、ご機嫌とりも兼ねて頼んでみた。すると住職は、「私まで撮ってくださるとは嬉しい」と破顔《はがん》して、すっかり楽しげな様子に戻った。

そして、「撮っていただくなら、ぜひ自慢の松の下で」と、境内の入口にある大きな一本松の下まで細木さんを案内した。

さほど気に留めていなかったのだが、改めて見れば不思議な形の松である。風向きなのか、陽当りなのか、寺の本堂へぐにゃりと幹が傾いており、そこから太い枝が横へぐっと張り出す様は、まるで松の木が本堂へ手を伸ばしているかのようであった。

少々異様な佇《たたず》まいではあるが、被写体として珍しいわけではない。細木さんはとくに興味も持たず、その松の下で住職を何枚か撮影した。撮り終えて帰ろうとすると、住職は「ぜひあなたもご一緒に」と、なぜかやたらと一緒に写りたがる。仕方ないので、細木さんは三脚を立てタイマーを設定すると、やはり松の下で、住職と一緒に記念撮影をした。

よほど嬉しかったのか、住職は、「またいらしてください」と何度も言いながら手を振って、最後まで満面の笑顔で細木さんを見送ってくれたそうである。

帰路についた細木さんは、連日通っているホテル近くの飲み屋へ足を運んだ。女将や常連客に「あんたまだ居たのか」とからかわれながら酒を酌《く》み交わすうちに、やがて話題は今日の撮影になった。

最初は「どの辺りだい」などと気楽に話を聞いていた女将と客だったが、話が進むにつれ、少しずつ全員の顔色が曇ってきた。やがて、客の一人が「もしかして……」と、暗い声で寺の名前を口にした。

確かにそんな名前の寺である。どうにも様子が変なので、口ごもる客にしつこく訊いてみると、「その寺な、ここらでは首吊り寺って呼ばれてるんだ」と厭そうに呟いた。

数年前、都会暮らしをしていた先代の息子が寺に戻り、夫婦で寺を手伝うことにした。ところが帰省から間もなく先代の住職が亡くなってしまい、寺の仕事も、檀家との付き合いもわからないまま、息子が急遽跡を継ぐことになった。しばらくは懸命に頑張ったものの、都会から出戻った若い住職では檀家の数は減る一方で、寺はかなりの経営難に陥《おちい》っていたようである。

次第に若い夫婦からは笑顔がなくなり、気がつけば奥様の姿を見かけなくなっていた。住職に聞いても、「妻は実家に帰っておりまして……」などと言葉を濁すばかり。

可哀想に、さては嫁さんに逃げられたんだろうと噂が立つ中、ある日、境内の一本松で首を吊った住職が見つかったそうである。

住職が首吊り自殺をしたとあって、地元では衝撃的な出来事として語られたが、騒動はそれだけに収まらなかった。それから一年の内に、境内の松の木で首を吊る人間が、なんと二人も出てしまったのである。

住職とは何の関係もなく、自殺などする素振《そぶ》りもなかった若い女性が、続けざまに松の木で首を吊った。しかも、その二人の顔立ちが、出て行った住職の妻にどことなく似ていたことから、「亡くなった住職が、嫁さんに似た女性を道連れにして、松の木に吊るしている」などと悪い噂も立つようになった。

以来、地元では「首吊り寺」と呼ばれるようになり、寄りつく人もいないという。

細木さんは驚いて「ええっ！　でも住職に会いましたよ！」と声を上げたが、周囲の客は首を振ったり目を逸《そ》らしたりと厭そうな反応をする。

そんな馬鹿なことがあるかと、先ほど撮ったデジタルカメラの画像を確認した細木さん、すっかり震え上がってしまった。

果たして、撮ったはずの住職はどこにも写っていない。画面の中には、雄々《おお》しく一本松だけが聳え立っている。震える指先で順番に写真を確認するのだが、住職を写したはずの写真には、どれも松の木しか写っていなかった。

それならば、二人で撮った写真は……と、一番最後の画像を表示させたところで、細木さんは思わず「ひいっっ！」と叫んでしまった。全身に走った戦慄《せんりつ》で、肌が粟《あわ》立ってくるのがわかる。

自分の隣に、住職の姿はない。

代わりに、四方を小さな墓のような石に囲まれていた。

四つの石の中心で、笑みを浮かべながら、松の下に立つ自分の姿だけが写っている。石はいずれも膝丈ほどの小さなもので、風雨にさらされ、ほとんどの字は読めないが、中央に大きく「鎮魂《ちんこん》」と書かれているのだけは見てとれた。

横の客に見せてみると、「寺で首吊りが続いてから、誰かが鎮魂碑を建てたと聞いたことがある。もしかしたら、それかもな」と、再び厭そうに顔を背けられた。

ただ、細木さんが何より気味悪かったのは、鎮魂碑に囲まれていたことではない。

彼の記憶では、鎮魂碑など、松の下にも、どこにもなかったはずなのだ。あるはずのなかった鎮魂碑に囲まれていること、そのことが恐怖なのである。

最後の画像から順に、一枚ずつ前へ戻りながら見てみた。すると、一枚しか撮っていないはずの住職との撮影は、なぜかタイマーで五秒おきに繰り返し写す設定になっており、写真には一定の間隔で、周囲を動き回る自分の姿が写っていた。

一切記憶はないのだが、写真の中には、松の脇にある草むらへ入って行き、茂みの中から、倒れていた鎮魂碑を、ひとつ、またひとつと抱き起こしては、松の下へと順番に並べていく自分の姿が写っている。

すべて並べ終えると、石碑の真ん中に笑顔で立ち、記念撮影を終えていた。

「無意識のまま、死んだ人の数だけ鎮魂碑を抱き起こす自分がとにかく不気味で……」

と、眉をひそめて顛末《てんまつ》を語った細木さんだが、そこまで聞いて、私はふと疑問に思った。

「でも、亡くなったのは住職と、あと若い女性二人ですよね。なんで鎮魂碑は四つもあったんでしょう」と尋ねると、細木さんは「わからないのか?」とうんざりした顔で答えた。

嫁さんが出て行ったと言うけれど、死んでいるに決まってるだろう。

おそらく、住職が松の下に埋めたんじゃないのか。
だから住職も、嫁さんに似た女の子たちも、誘われるようにそこで首を吊ったんだよ。
細木さんは暗い顔のまま、呟くようにそう話してくれた。
なお、鎮魂碑を建てたのが誰なのかは、未だにわかっていないという。

霊感少女と僕たちの失敗

神戸で出会ったバーテンダーの自称タカシさん、本名と出身地は誰にも明かさず、各地を転々としながら暮らしているという。

仕事を探す時も履歴書はすべて偽名、普段から運転免許証など身元のわかるものは身に付けないという徹底ぶり。もちろん、そのような生き方では、堅い仕事に就くことはまずできない。常連客しかいないような小さなバーやスナックをあえて選び、半年から一年おきに店を変えながら、主にバーテンダーとして、夜の街で働いて生きることを選んでいるのだと話してくれた。

何から逃げているのか、なぜ隠れて暮らすのか、その理由を尋ねてみると、「信じてくれなくても、いいんですけどね」と笑いながら語ってくれたのが、この話である。

タカシさんは、十七歳の時、父親の転勤でとある地方の街へ移り住むことになった。父親は支社長を拝命して大喜びしていたが、子どもは親の事情など知ったことではない。生まれた時から都会育ちだったタカシさんは、引っ越し先の地方暮らしにまるで馴染《なじ》めず、編入先の高校でも「田舎くさい奴らばかり」と心の中で馬鹿にしながら、うんざりした気持ちで毎日を過ごしていたそうである。

タカシさんがとりわけ嫌だったのは、同じクラスにいるユキコさんであった。本人は「霊感がある」と言っており、「悪霊が憑いている」「先祖の霊が心配している」などと、この世ならざるモノが見える、聴こえることを、いつもクラスメイトにアピールしていた。ただ、タカシさんからすれば、友達が出来ないくせに、構われたい、目立ちたいだけの女の子が、安っぽい霊感少女のフリをしているようにしか思えなかった。

周囲からも浮き気味の存在ではあったが、それでも、霊視をされたら当たった、除霊してもらったなどとユキコさんの霊能力を支持する声も多く、おかげで校内でも独自のポジションを築いていたようで、それを見るにつけ、「どいつもこいつも信じやがって、本当にみんな田舎者だな……」と、タカシさんのイライラは日々募《つの》るばかりであった。

そんなある日、タカシさんの数少ない友人の一人である池田さんのことを、昼休みにユキコさんが勝手に霊視した。そのうえ「あなたには不幸を呼ぶ低級霊が憑いている」などと言ったものだから、ただでさえ日頃からユキコさんを不愉快に思っていたタカシさんは、友人に向けたその台詞《せりふ》にかっとなり、「ふざけんなよ、このインチキ野郎！」と怒鳴《どな》ったところから、クラスメイトの前でユキコさんと激しい口論になってしまった。

周囲が見守る中、タカシさんは「お前の霊感が本当なら、心霊スポットで霊視して、ついでに幽霊の声を聴いて成仏させてみろよ」と、まるで幽霊を信じてもいないのに、最近地元で「出る」と囁かれる場所の名前を口にした。

インチキ扱いされて、顔を真っ赤にして言い返していたユキコさんも、みんなの前で引くに引けなくなったのだろう、「いいわよ！　私がちゃんと除霊してみせる！」と、クラスメイトの前で豪語してしまった。

結局、その日の放課後、タカシさん、友人の池田さん、ユキコさんの三人で、地元の心霊スポットへ行き、そこでユキコさんが霊視と除霊をして、翌日学校のみんなに報告することに決まった。売り言葉に買い言葉で決まったこととはいえ、今さらやめるわけにもいかない。授業を終えた三人は、なんともいえず気まずい雰囲気のまま、夕暮れの町を抜け、峠へ向かうバスに乗り、最近地元で「出る」と噂されている「見晴らしの丘」

へ向かうことにした。

通称「見晴らしの丘」は、市街地から峠道をずっと上がった場所にある眺めの良い公園のことで、小高い場所にある公園からは、町の様子を一望することができる。公園には駐車場もあり、バスの停留所もあるので、夕暮れ時になると、地元ではちょっとしたデートコースとして賑わっていた。ただ、急に半年ほど前から、夜になると黒い影が彷徨《さまよ》っている、影に出逢うと帰り道に大怪我をする、という噂が立つようになっていた。

現地に着いてみると、カップルはおろか人の姿もなく閑散《かんさん》としている。

「みんな本気で信じてるのか。マジで誰もいないな」とタカシさんが呆《あき》れ声を出すと、横で池田さんが「詳しくは知らないけど、相当ヤバいと有名だから」と、ひそひそと囁き声で返してくる。

見ればユキコさんも蒼い顔をして不安気に辺りを見渡しており、タカシさんは内心、二人の怯えた様子にうんざりしながら、「ほら、早く霊視しろよ。ここ幽霊居るんだろ?」と、ユキコさんの背中を無理に押して、公園の中へと歩かせていった。

ユキコさんはしばらく周囲を見ていたが、やがて「信じられないくらい、たくさんの幽霊が迷いこんでる……。ここは魂の行き来する霊道のはずなのに、何かの理由で入り込んだきり出られなくなっているのよ」と言い出した。

そして、誰もいない公園のあちらこちらに話しかけては、「大丈夫、私についてきて。外に出してあげる」などと言いながら、手を引くような仕草で公園の入口へと歩いていく。そんなことを何回も何回も繰り返した。

やがてユキコさんは、「たくさんの彷徨《さまよ》う魂が迷い込んでいるから、とてもじゃないけれど私一人の力じゃ無理よ。それに、いくら出してあげても、また後から入ってきてしまう。ああ、私はいったいどうしたらいいの……」と悩ましげな顔で言うと、困ったように両腕で自分の身体を抱いて、首を振りながら深く溜息をついた。

あまりに芝居がかったユキコさんの態度を見て、最初は怖がっていた池田さんも思わず笑ってしまい、タカシさんもつられて笑いながら、「はいはい。幽霊がたくさん居すぎて、除霊はできないってことね。見えてるフリおつかれさま」と馬鹿にして言った。

ユキコさんが険しい顔で、「見えるわよ！　でも本当にたくさん居るからどうにもできないだけよ！」と言い返してきたので、タカシさんは「なら教えてくれよ。たくさんって、何人居るんだよ」と笑いながら尋ねた。

そして、いち、にい、さん……と公園を歩き回り、必死に数えるユキコさんの姿を見ながら、タカシさんと池田さんはずっと大笑いをしていたという。

やがてユキコさんが、怒りと恥ずかしさで顔を赤くしながら、「ここには数えきれないくらいたくさん居るのよ！　でもいいわ、教えてあげる。だいたいの人数は……」と言いかけた時、突然、ユキコさんの顔からスウッと一切の表情が抜け落ちた。それまでの芝居がかった動きもぴたりとやみ、無表情のまま、急に動かなくなった。

数秒後、突然ユキコさんは右腕を真っすぐ上に挙げた。そして、右腕を挙げたまま、公園の入口で仕切りに使われている、腰の高さほどの石柱へとスタスタと歩いていった。そして無表情のまま、石柱の前で振り返ると、二人に向かって大声で叫んだ。

「ここには、俺しか居ねえんだよっ！」

次の瞬間、ユキコさんは眼前の石柱に向かって、右腕をブンッと振り下ろした。

バゴッという、肉と骨が叩きつけられる音が、静かな公園に響く。

一拍おいたところで、痛みで我に返ったのであろう、「ぎゃあああああっっ」というユキコさんの絶叫が辺り一面に轟いた。

その後が大変な展開になったのは言うまでもない。ユキコさんは叫んだ後、ショックのためか失神してしまい、二人は大慌てで救急車を呼んだのだが、人のない公園で、男二人に挟まれ女の子が腕を折っている。救急隊員が事件性を見取って警察を呼ぶと、やって来た警官からは何があったのかと、明らかに暴行を疑っている様子で問い詰められた。二人は起こったことをそのまま話したが、警官はまるで信じる素振りもなく、むしろさらに心証を悪くしたようで、「嘘をつくな！　お前らはいったい何をしたんだ」と凄《すご》まれた。

信じてくれなかったのは警察だけではない。事情を話しはしたが、ユキコさんの親には犯人扱いされ、「うちの子に何をしたっ！」と怒鳴られたし、自分たちの親にすら「本当のことをきちんと話しなさい」と言われてしまった。

ただ、肝心のユキコさんは意識を取り戻すと、医師にも、警察にも、親にも、その日に起きたことは一切語ろうとしなかった。そのため、二人は最後まで疑われたものの、結局は罪に問われることはなかった。

とはいえ、疑いが晴れたわけではない。学校の人間は、教師もクラスメイトも、タカシさんとユキコさんが仲が悪いこと、当日喧嘩したこと、放課後に公園へ行ったことも知っている。公園で大喧嘩になり、男二人がユキコさんに暴力を振るうのは十分あり得るだろうと、タカシさんと池田さんはみんなに疑いの目を向けられ続けた。

また、ユキコさんの両親が連日家の前まで来ては、「うちの娘にしたことを許さないからなっ！」と外から怒号を浴びせてくる。周囲のすべてから疑われ、無数の罵声《ばせい》を浴びせられ、二人はひたすらに肩身の狭い生活を送ることを余儀なくされた。

さらに、この事件の悪評が元で、せっかく栄転してきたタカシさんの父親は早々に支社長を辞することになり、降格して本社へ戻されることになった。父親はすっかり落ち込んでいたが、タカシさんは、これでまた都会暮らしに戻れる、肩身の狭い暮らしから解放されると内心大喜びをした。

転校する時、クラスメイトの誰からも温かい言葉をかけられなかったが、暗い顔をした池田さんから、「お前だけここから逃げるのか。全部お前のせいなのに」と言われたことだけは、酷く胸に刺さったという。

再び元の高校へ転校すると、タカシさんの慣れ親しんだかつての日常が戻った。高校三年生で受験を控えていることもあり、忙しく毎日を過ごしていると、やがて彼の中で事件のことは遠い昔の出来事のように記憶の隅へ消えていった。

だから、半年以上経って、「ねえ、腕を折った女の子と、池田くんがまた事件を起こしたんだって！」と母親に言われた時には、一瞬何のことかわからなかった。母親は引っ越した後も未だに親しい友人がいるようで、どうやらその人から話を聞いたらしい。

母親によれば、事件はタカシさんが引っ越してからしばらくして起きたようである。学校が終わり、帰り道を歩いていた池田さんのことを、ユキコさんが突然棒で後ろから殴りかかり、彼の左腕をへし折ったという。人が駆け付けた時には、痛みでうずくまる池田さんの横で、アハハハハハッと、ユキコさんが延々と高笑いをしていたそうだ。

その様子が噂として広がると、地元では「やはり男のほうが、女の子に何か酷いことをしたんだ」「そのせいで、女の子のほうもアタマがおかしくなったんだ」と噂されるようになり、どちらの家も居心地悪くなったのか、それぞれ違う場所へと引っ越してしまったという。

タカシさんは、この話を母親から聞いて驚きはしたが、やはり自分にとっては過ぎ去った出来事であり、思い出したくない事件なので、それ以上深く考えることはせず、再び記憶の底へ沈めることにした。

受験を終えたタカシさんは無事に大学へ進学。実家から遠く離れた大学だったので、それを機に一人暮らしをするようになった。環境が変わり、生活も変わり、彼にとって事件のことはますます過去のものになっていった。

ところが、大学二年生の夏休み、久しぶりに実家へ帰省すると、顔を見るなり母親から「あなたの所に、ユキコさんと池田くん来なかった？」と唐突に言われた。

驚いて事情を聞くと、どうやら半月ほど前、突然二人がタカシさんの実家を訪ねて来たという。あんなことがあったにもかかわらず、二人は親しく仲の良さそうな雰囲気で、終始ニコニコと満面の笑顔を浮かべており、久しぶりにタカシくんに会いたくて来た、どうしても会いたいので、どこに住んで居るのか教えてほしい、と懇願《こんがん》された。

「最初は断ろうとしたんだけど、宗教の勧誘みたいに笑顔でしつこく頼むもんだから、ちょっと面倒になって、ついアナタの住所を教えちゃったのよ。だけど後で考えたら、本当に変な宗教だったらどうしようと思って、お母さん結構心配になっちゃって……」

タカシさんは、ここにきてようやく、何か妙なこと、まずいことが起こっているのではないかという、嫌な予感に強く襲われた。

元々心霊スポットに興味がなかったので、「見晴らしの丘」へ行く時も詳細を確かめようとは思わなかったし、事件後は思い出さないようにしてきたから、特に調べようともしなかった。でも、長らくデートスポットだった公園が、なぜ突然に心霊スポットになったのか、そして「出る」と言われていた黒い影とは、そもそもいったい何だったのか、改めて思えば疑問も多い。

タカシさんは、ネットの書き込み、元クラスメイトのSNSなど、思いつく限りを辿《たど》って調べてみたが、まず最初にわかったことは、黒い影とは、「公園の近くでバイクで事故死した男性の怨念ではないか」ということだった。

バイク事故の後からほどなく、公園で黒い影が目撃されるようになったこと。影に遭遇した人間が大怪我をする事故が多発して、やがて心霊スポットと呼ばれるようになったこと。その噂がおよそ半年ほど続いたこと。やがて公園で女の子が腕を折る陰惨な事件が起きたが、ちょうどその頃から影の目撃談はぷっつりと消え、今ではまた昔のデートスポットに戻っていること。

これらが、ネットで見つけた「見晴らしの丘」の情報である。

そして、もうひとつわかったことがある。

事故の男性は、右腕と左腕、そして首の骨を折って亡くなっていた。

事故死した男。黒い影の噂。石柱に叩きつけ右腕を折ったユキコ。そのユキコに左腕を折られた池田。その二人が、自分を捜して会いに来ようとしている。

二人は自分に会って、何をするつもりなのだろう。

あまり考えたくはないが、残るは首の骨――。

そこまで調べてにわかに恐ろしくなったタカシさんは、「ちょっと用事ができたから」と帰省予定を繰り上げて、翌日には自宅のマンションへと急いで戻ったのだが、自室の部屋の扉には、すでに一枚の貼り紙がしてあった。

「また、会いに来ます」

そうひと言だけ、女性らしい、綺麗《きれい》な赤い字で書かれていた。

書いた人の名前はないが、誰が書いたかは想像がつく。

タカシさんは、その日のうちにスーツケースと鞄に持てるだけの荷物を詰め、部屋を出て二度と戻らなかった。大学にも休学届けを出したきり、二度と行かなかったという。

親には事情があって逃げるように引っ越しをすること、大学を休学すること、時々連絡はするけれど、住んでいる場所は言えないこと、そんなことを一方的に伝えた。

当然両親は心配したが、その日以来、タカシさんは転々と住む場所を変え、本名も名乗らずに暮らしており、そんな生活が長く続くと、やがて両親も彼から元気な便りが届きさえすれば、それで納得するようになった。休学した大学はどうなったか親に確認したことはないが、とっくに退学処分になっているはずだ。

こんな話を、タカシさんは私に語って聞かせてくれた。


聞き終えた私は、大変に驚き、かつ面白くもあったが、正直なところ、彼がまともな人生を捨ててまで逃げ回る気持ちがいまひとつわからなかった。

ユキコさんや池田さんに再び出会っても、酷い目に遭うのはあなたの思い過ごしではないか。母親の言う通り、まさに二人は変な宗教にでも入信しており、せいぜい勧誘されるくらいのことではないのか。そもそも、未だにタカシさんを追いかけているなんて、思い過ごしではないのか。そうした感想を、率直に彼へ伝えてみた。

するとタカシさんは薄く微笑みながら、「これを見てください」と、彼のスマートフォンを私の目の前に差し出してきた。

画面には、友人たちと一緒に記念撮影したタカシさんが写っている。後で聞いたところによると、勤めるバーのスタッフや、お客さんたちと温泉旅行に行った時の写真だったという。記念撮影なので、全員笑顔で、姿勢よく真っすぐ立っている中で、タカシさんだけが無表情のまま、不思議な格好で写っていた。

首を思いきり、くの字に横へ傾けているのだ。まるで、首が折れているかのように。

「カメラを向けられるとね、よく無意識のまま、このポーズで写ってしまうんですよ」

そう言いながら、タカシさんは私の目を見てずっと微笑みかけてくる。

「あの二人に追いつかれたら、ボク、本当に無事で済むと思いますか？」

笑顔のまま尋ねてくるタカシさんに、私は答える言葉が見つからなかった。

現代怪談 地獄めぐり 業火

2020年7月4日　初版第1刷発行

著者　ぁみ、いたこ28号、壱夜、
神薫、夜馬裕
企画・編集　中西如（Studio DARA）
発行人　後藤明信
発行所　株式会社 竹書房
〒102-0072 東京都千代田区飯田橋2-7-3
電話03（3264）1576（代表）
電話03（3234）6208（編集）
http://www.takeshobo.co.jp
印刷所　中央精版印刷株式会社

ISBN978-4-8019-2298-3 C0193